Bettina Opitz-Chen

Coram Deo bescheiden und übermütig zugleich

Bettina Opitz-Chen

Coram Deo bescheiden und übermütig zugleich

Ein geistliches Büchlein für Offene Kirchen für Menschen, die nach innen schauen wollen vor dem lebendigen Gott

Fromm Verlag

Impressum / Imprint
Bibliografische Information der Deutschen Nationalbibliothek: Die Deutsche Nationalbibliothek verzeichnet diese Publikation in der Deutschen Nationalbibliografie; detaillierte bibliografische Daten sind im Internet über http://dnb.d-nb.de abrufbar.

Bibliographic information published by the Deutsche Nationalbibliothek: The Deutsche Nationalbibliothek lists this publication in the Deutsche Nationalbibliografie; detailed bibliographic data are available in the Internet at http://dnb.d-nb.de.

Coverbild / Cover image: www.ingimage.com

Verlag / Publisher:
Fromm Verlag
ist ein Imprint der / is a trademark of
OmniScriptum GmbH & Co. KG
Heinrich-Böcking-Str. 6-8, 66121 Saarbrücken, Deutschland / Germany
Email: info@frommverlag.de

Herstellung: siehe letzte Seite /
Printed at: see last page
ISBN: 978-3-8416-0479-8

CORAM DEO

bescheiden und übermütig zugleich

ein geistliches Büchlein

für Offene Kirchen,

für Menschen,

die nach innen schauen wollen

coram deo

vor dem lebendigen Gott

und für Menschen überall

Gewidmet
den Menschen der Fürbitte in St. Johannis Mainz
und allen treuen Betern in Kreisen
und verborgen in den Häusern

Gott gebe euch, dass ihr mit dem Herzen sehen könnt, zu welcher Zukunft ihr berufen seid und wie reich das herrliche Erbe der Christen und wie groß seine Macht ist, an der wir im Glauben Anteil haben.
Paulus, Brief an die Christen in Ephesus 1, 18-19

Inhaltsverzeichnis

Entstanden aus der Wirklichkeit

Das Büchlein entstand im Pfarrhaus der Evangelischen St. Johanniskirche, dem alten Dom, im Herzen von Mainz, gegenüber dem Martinsdom.
Diese älteste Kirche in Deutschland birgt keine Kunstschätze aus früheren Zeiten zur Betrachtung aber Baugeschichte. Hell und klar, robust und überdauernd aber auch zart und weit, gut zum Atmen schöpfen, so war sie aus der Kriegsbrand wieder erstanden, und wird erneuert in eine weitere Gestalt der Baugeschichte. Offen wird sie wieder sein.

Patron der Kirche ist Johannes der Täufer, der Christus erkannte und seinen Weg vorbereitet hat in seiner Erkenntnis: „Seht das Lamm Gottes, das der Welt Sünden trägt."
Seine Aufforderung vor 2000 Jahren: „Kehrt um, denn das Himmelreich ist nahe". So steht es draußen an der Kirche neben der Skulptur eines sanftmütigen Johannes.
Es könnte auch heißen: Wende dich um, die Gegenwart Gottes ist nahe. Du bist in der Gegenwart Gottes, coram deo, öffne die inneren Augen.
Und die Menschen fragten ihn damals: Was sollen wir denn tun? Das, was recht ist vor Gott in deiner Situation, das weißt du eigentlich.
Lass alte Schuld abwaschen durch das Wasser der Taufe.

Jesus Christus beschreibt dasselbe Umwenden als die Heimkehr zu Gott, dem Vater seiner Geschöpfe, der entgegen kommt und allezeit gewartet hat, der nicht schilt, sondern den heimgekehrten Menschen neu einkleidet in seiner Freude, dass sein Geschöpf in seiner Gegenwart leben will.
Das ist die kompakte Botschaft dieser uralten St. Johanniskirche für alle Bet-Sucher und Sucherinnen.
Diese Botschaft, Du bist vor dem gütigen Gott, dem geduldigen und auf Dich wartenden Gott, nimm es wahr, ist die Botschaft aller Kirchen: Kehr ein vor Gott, ihn zu grüßen, zu fragen, auszuruhen vor ihm, Frieden aufzusaugen, dich ins Lot bringen zu lassen aus der Unruhe, Verbiegung und Erschütterung des Tages und der Woche. Du bist in einem Bethaus, in seinem Haus, coram deo vor Gott, in seinem Frieden.

Von der Hilfe des Büchleins für die innere Sammlung vor Gott

Manche aber unter den Be-Sucherinnen und Suchern - in welcher Kirche auch immer - mögen es hilfreich finden, nachdem sie sich umgesehen haben und die Kunst bewundert, ihre Situation in diesem Büchlein formuliert zu finden, jeweils auf der linken Seite und unter ein

biblisches Wort gestellt.
Ein Wort der Wegweisung aus dem Erfahrungsschatz der Glaubensgeschwister nimmt hinein in die Gemeinschaft derer, die Gott vertrauen.
Die Fassung der Situation im Gebet jeweils auf der rechten Seite mag hilfreich sein, innerlich die Zunge zu lösen, mit den Worten auszugreifen, sich an Gottes Gehör zu wenden und auf seine Hinneigung zu vertrauen.
Das jeweilige Gebet zur Situation möge erleichtern oder ermutigen, noch viel genauer etwas vor dem göttlichen Hören auszusprechen, was nur dieser Mensch zutiefst weiß.
Manchmal kommt die tiefere Erkenntnis mitten im Aussprechen, weil vor Gott nur Wahrheit gilt und alle verzerrte Wahrnehmung vor Gott sich entzerrt.

Von der Hilfe des Büchleins für den ersten oder erneuten Sprung ins Gottvertrauen

Oftmals sitzen Menschen ganz vereinzelt in der offenen Kirche, in diffuser Suche und Erwartung, Menschen. die noch niemals die Stärkung durch das vertrauensvolle Beten für sich selber oder als Fürbitte für einen Menschen ihres Herzens erlebt haben. Es kann sein, dass sie sich selber "Heiden" nennen oder bezüglich der Religion als "Gar nichts" bezeichnen. Und doch sitzen sie da, erwarten und erhoffen etwas, vielleicht, dass die innere Kompassnadel aufhört zu schwanken, ohne sich klar zu sein, dass sie sich bereits coram deo, vor Gott, befinden.
Es geht nur um den Mut, das Schwanken zwischen Erwartung und den Stimmen, die Gott lächerlich machen, zur Ruhe zu bringen, und dann das Herz aufzuklappen und Gott den Zugang zum Riegel zu überlassen.
Es geht um den Übermut, zu sagen, hier bin ich, dein Geschöpf, vor dir, dessen Fingerabdruck ich trage. Komm du so zu mir, dass ich ganz und heil werde, und mein Leben unter deinem Licht gelingt.
Es geht darum, von dem allmächtigen, allgegenwärtigen und gütigen Gott anzunehmen, was er anbietet: Die Hilfe zum Leben, und ihn damit zu ehren.

Übermut braucht es, weil wir zumeist erst dann erfahren, dass Gott trägt und wirkt, wenn wir uns ihm anvertraut haben. In der Natur haben wir das Vorbild: Es geht wie beim Schwimmen um den Moment vom Stehen zum Schwimmen. Es geht um das Abheben, um die Tragkraft des Wassers zu erfahren.
Das Anvertrauen ist zuerst eine Sache des Willens, der Entscheidung in Freiheit, Gottes

Einladung zu folgen oder lieber anderen Lockungen auf dem immensen Buffet der Religionen, der Kulte und Therapien, die alle um unsere Seele werben.

Sie alle schrieben mit

Hinter jedem einzelnen Thema der Befindlichkeit und der Fragen vor Gott verbirgt sich ein Mensch aus dem engen und sehr weiten Umfeld der Johanniskirche in Mainz, das auch e-mail Kontakte außerhalb der Gemeinde, die Gäste im Pfarrhaus und an der Pfarrhaustür und sehr treue Fürbitter für diese Kirche in Schottland und Amerika umfasst. Die Themen sind nicht ausgedacht. Aus der vollen Wirklichkeit des Sommers 2013 sind die Daseinsmomente, Fragen und Bitten des Büchleins aufgegriffen:
Trauer, Lebensmüdigkeit, schwerste Diagnose und Krankheit eines jungen Menschen, Verbiegung unter Fremdbestimmung, Angst vor Kriminalitätsverstrickung, die großen Fragen: Wer bin ich, wenn die Rollen enden? Was ist Sache in der christlichen Religion? Wie kann ich etwas Besonderes leben? Wo bleibe ich, wenn Gottes Wille in meinem Leben geschehen soll?

Konkrete Menschen hinter 32 Situationen, Fragen und Bitten coram deo, sie alle schrieben mit.
Was aber einen Menschen höchstpersönlich unverwechselbar und individuell betrifft, ist einerseits einmalig aber auch typisch als Lebenssituation und Glaubensfrage anderer Menschen. Deshalb sucht die Beschreibung der Situation oder Frage wahrhaftig konkret und doch auch weit genug für die Aufnahme vergleichbarer Situationen zu sein. Und auch das Gebet will konkret und weit genug zugleich zu sein.

Was meint coram deo?

Coram deo, lateinisch, heißt: Vor Gott, im Angesicht Gottes, in der Gegenwart Gottes, von dem es in jedem Segen am Ende des Gottesdienstes heißt: Er lasse sein Angesicht leuchten über dir und sei dir gnädig. Er erhebe sein Angesicht auf dich und gebe dir Frieden.

Coram deo: Vor Gott sein gesamtes Leben zu leben, Gottes Gegenwart ernst zu nehmen, das könnte man als den Kern und Charakter christlichen Lebens bezeichnen, denn da zeigt sich, was Sache ist. Die Wirklichkeit aber sagt, das tut der Mensch nicht von Natur aus, das tun auch die wenigsten Christen. Deshalb ja auch die tiefe Unsicherheit gegenüber der Sache Gottes, weil wir weite Strecken in Gottvergessenheit leben, auch als Christen.

Coram deo: Sich einfinden vor seinem gütigen Angesicht

Immer wieder und irgendwann zum ersten Mal ist es not-wendig, und ist es das, was uns ins Lot bringt: sich bewusst coram deo einfinden.

Wie sich einfinden vor Gott?

Durch still werden.

Aufgescheuchte Gefühle und Stimmungen sich setzen lassen. Die Stimmen abklingen lassen, die Irritationen der Gedanken vorbeiziehen lassen und nicht mehr nähren durch Beachtung. Das lernen wir schon aus der uralten Erfahrung der Beter, die in den Psalmen zu uns kommen:

„Sei stille dem Herrn und warte auf ihn..."

Psalm 37,7

oder so:

„Besprecht's in eurem Herzen auf eurem Lager, und dann werdet still."

Psalm 4, 3

oder so:

„Meine Seele ist stille zu Gott, der mir hilft."

Psalm 62, 2

Stille im Inneren ist die Menschen mögliche, allermindeste Vorbereitung zur Begegnung mit dem Bereich des Heiligen, also des Göttlichen.

Was ist da im Raum der Stille vor Gott?

„Seid stille und erkennet, dass ich Gott bin"

Psalm 46, 11

Im Raum der Stille bist du eingeladen - in dem Maße, in dem es dem Menschen möglich ist, soweit er sich müht und soweit Gottes Geist ihm entgegen kommt- zu erkennen, dass Gott wirklich ist.

Er will erkannt werden, und er lässt sich erkennen an seinen Wirkungsweisen:

als der Gott, der befreit von Schuld jeglicher Art, der auch befreit von der Schuld anderer an uns und der uns heilt von solchen Wunden, der zu überwinden hilft und zurecht bringt, der unser Gewissen schärft und lehrt, der die Umstände fügt und Weisheit schenkt, Schutz und Sicherheit, der in Krankheit zum Leben hilft, der die Seele entgiftet und uns Wege zeigt und einen Willen hat für unser Leben, uns zu Gute.

Wir treffen also in der Stille nicht auf das Nichts, sondern wenden uns zu dem lebendigen Gott, der gütiger Herr ist des Lebens über das Sterben hinaus und der uns kennt.
„Fürchte dich nicht," heißt durch alle Zeiten der göttliche Gruß, wenn den Menschen in der Gottesnähe Schrecken überfällt. Christus, der Auferstandene und Lebendige, hat sich bekannt gemacht als der Freund und Weggefährte des Lebens, als der, der fragt. „Was wollt ihr das ich für euch tun soll?" *Mt. 20, 32*

Einmal vor Gott seine Bitte aussprechen ist nicht genug, in die Weggemeinschaft eintreten und auf die Dauer immer selbstverständlicher zu wissen, dass alle Zeit vor Gott stattfindet, das ist das Angebot christlichen Lebens. Aber das mutige, übermütige Hinwenden coram deo ist der Beginn, und dann gilt die Erfahrung vom Bleiben. Alles weitere Erfahren und Erkennen geschieht in der Geschichte Gottes mit dem einzelnen Menschen, wenn er coram deo bleibt und immer wieder sich hinwendet im Vertrauen auf das göttliche Versprechen Jesu Christi: "Ich bin bei euch alle Tage bis an der Welt Ende." *Mt. 28,20*

Bettina Opitz-Chen, Pfarrerin von St. Johannis, Mainz 1997-2014

I. SITUATIONEN DES LEBENS

Trennung / Verlassen

Ich bin verstummt und still und schweige fern der Freude und muss mein Leid in mich fressen. Mein Herz ist entbrannt in meinem Leib. Wenn ich daran denke, brennt es wie Feuer. Womit soll ich mich trösten? Ich hoffe auf dich.

Psalm 39, 3-4

Wegweiser

Es gibt Scherben, die wirst du los, wenn du sie Gott in die Hände legst.
Es gibt Scherben, die kannst du heilen, wenn du ehrlich vergibst.
Es gibt Scherben, die du mit aller Liebe nicht heilen kannst,
die musst du liegen lassen.

anonym

Vielleicht zerfällt gerade dein Lebensgefüge.
Ein Mensch verlässt dich, und deine Seele ist nicht vorbereitet.
Groll verdunkelt dir den Tag und Wut scheucht dich auf des Nachts.
Dein Menschenvertrauen ist zersplittert und du greifst ins Leere,
denn anderes als Menschenvertrauen hast du nicht.

Du suchst Deutung und Ausweg. Such beides vor Gott.
Alles geschieht vor seinen Augen, dem Vater aller Geschöpfe.
In seiner Hand ist Leben und Erneuerung,
in seinem Geist ist Frieden und Trost und Hilfe für deinen Geist.
Du kannst ihn einlassen.
Er festigt dein Herz und den Boden unter deinen Füßen.
Was du selber tun kannst, damit dein Herz heilt:
Du kannst unser aller Schwachheit sehen
und dann den Menschen frei lassen, der dich verletzt hat.
Frei lassen aus dem Schuldgefängnis.
Das ist Salbe für deine Seele und auch seine.
Dann regt sich neue Kraft, dann ist gutes Neues möglich.

Gebet

Mein Gott, du bist unser aller Vater.
Vor dir geschieht Recht und Unrecht.
Du hast Macht über unsere Lebensgeschichten,
du, Gott der Menschenfreundlichkeit und der Liebe.

Schau auf meine ätzende Wut und meine nagende Enttäuschung,
auf meine Leere und meine Angst, denn ich kann dich nicht spüren.
Es ist trübe und dunkel in mir und meine Gedanken in mir
sind schwindelig vor Zorn.

Dring du durch zu mir und hilf mir zur Beruhigung.
Dring du durch zu mir, und hilf mir, frei zu geben.
Ich habe nur den Willen, nicht die Kraft dazu.
Lass mir einleuchten, wie schwach unser aller Wesen ist.

Reinige mich vom dumpfen Groll, der alles Licht erstickt
und von der Säure der Empörung, die mich kränkt und verbrennt.
Erfrische mich mit der Salbe deiner Heilkraft und mit Vertrauen,
dass der Boden trägt für meine nächsten Gedanken und Schritte.

Schütte aus über mir Vorfreude auf neue Begegnungen,
in denen auch ich erneuert werde.
Schenke mir ein volles Maß an Vorfreude
auf neues Vertrauen, das zuerst dir gilt und dann den Menschen.

So will ich einst zurück schauen auf den Zerbruch meines Lebens
als Zeit der Erschütterung, die schließlich Gutes hervorbrachte.
Ich will mich erinnern an dieses Gebet ,
das mich mit der Lebenskraft verbindet,
mit dir,
mitten im Zerbruch
und für alle Zeit, die du mir gibst.
Amen

Trauer

Wir haben hier keine bleibende Stadt, sondern die zukünftige suchen wir.
Hebräer 13, 14

Wegweiser

Ihr, die ihr mich liebt, seht nicht auf das Leben, das ich beende, sondern auf das Leben, das ich beginne.
Augustinus

Woher wir kommen, dahin reicht nur die Ahnung. Wir sind erkannt, bevor wir in der Enge des Mutterschoßes geformt werden zur Gestalt, die für diese Erde taugt.
Wir wachsen hinein in dieses Leben auf dieser großen und winzigen Erde,
wir lieben und leiden und hängen unser Herz aneinander.
Wir vergehen in unserer verweslichen Gestalt, langsam oder plötzlich
und wir gehen weiter in die Weite, in neues Leben. Ahnung und Versprechen gehen voraus und wir erhalten unverwesliche Gestalt.

Du trauerst um einen geliebten Menschen, der weiter gegangen ist, dir voraus, ins Licht, ins Leben in neuer Gestalt.
Der Schmerz der Trennung ist noch frisch oder eine Wunde.
Du bleibst noch eine Weile. Du kannst die Verbindung halten als Dank, Erinnerung, als inneres Gespräch, aber es ist Zeit, die Kostbarkeit deiner Erdentage neu zu entdecken. Gewaschen durch die Tränen des Abschieds können sie neu aufleuchten vor dir, deine Erdentage auf demselben Weg von verweslichem Leben zu unverweslichem Leben.

Gebet

**Mein Gott, du bringst das Leben hervor
aus dem, was uns erscheint wie Nichts.
Tod ist nichts vor dir.
Du gibst nicht auf, was du geschaffen hast,
neue Gestalt gibst du zu neuem Leben.
Diese Ahnung hast du uns ins Herz gelegt,
die Ahnung von der Ewigkeit.**

**Sieh an meinen Schmerz und meine Einsamkeit,
meine Leere und meine Ängste.
Mein Blick ist getrübt,
meine Ohren sind verschlossen,
mein Geist ist stumpf,
denn ich bin gefangen
in meiner Verlassenheit.**

**Höre mich und sieh mich, wie es mir geht,
und sende deinen Boten mit tröstlicher Salbe.
Beruhige den Aufruhr in mir mit deinem Frieden.
Lenke meine inneren Augen auf das Gute und
Lebendige, das vor mir liegt, leite mit deinen Augen
meine nächsten Schritte und lass mich tun und ruhen,
wie es gesund ist für meine Seele.**

**Lass mich reifen durch den Verlust und annehmen,
dass wir alle, geborgen in dir,
leben und sind und sein werden in Ewigkeit
und nichts je uns schrecken kann.
Amen**

Krankheit

Der Herr ist nahe denen, die zerbrochenen Herzens sind und hilft denen, die ein zerschlagenes Gemüt haben.

Psalm 34, 19

Wegweiser

Ich habe viel in der Krankheit gelernt, das ich niemals in meinem Leben hätte lernen können.

anonym

In der Krankheit treffen Zerstörungskräfte und unsere Lebenskräfte aufeinander und messen sich in roher Gewalt.
Sieh auf die Krankheit vor den Augen des gütigen Gottes. In seiner Hand kannst du entspannen, die Angst aussprechen und ihm übergeben.
Du kannst dich entscheiden, mit ihm durch die Krankheit zu gehen, von ihm zu lernen, was verborgen liegt in dir zur Stärkung deines Lebens.

Vielleicht ist es die Zeit, Kraft zu sammeln für Neues, aber Altes muss ausgefegt werden. Du wirst deinen Körper kennenlernen, er ist das Gefäß deiner Seele und der Tempel für Gottes Geist. Deshalb braucht er alle Sorgfalt. Du wirst die Macht deines Herzens erkennen, denn daraus fließt das Leben. Alle verborgene Bitterkeit gegen dein Leben stärkt die Störung. Du wirst Geduld und Hoffnung einüben und über allem das Vertrauen auf Gott, deinen Vater, kennenlernen und üben. Das wird dein Wesen formen, zu neuem Leben, wenn du dich ihm anvertraust.

In Krankheit und Gottvertrauen liegt die Möglichkeit zu tiefen Einsichten und zum Reifen verborgen. Eine Schule für die Seele.
Oft finden wir zu besonderen Lebensaufgaben die Vorbereitung durch schwere Krankheit und die Formung zu neuer Lebenssicht, zu dankbarem Wesen, tieferem Einblick und vollem Gottvertrauen, weil in der Krankheit Gott das Herz besucht, gestärkt und erhellt hat.

Gebet

Mein Gott, mein Schöpfer und mein Vater.
An deiner Hand will ich durch die Krankheit gehen.
Nimm mir die Ängste, die die Herzenskräfte schwächen,
heile mein Gemüt, das freudlos ist
und allen Sinn für Dankbarkeit verloren hat,
das sich aufbäumt und zusammenfällt und die Störung stärkt.

Bei dir ist alle Macht der Ordnung und Erneuerung
des Körpers und der Seele, bis in alle Zellen hinein.
Lehre mich, meinen Körper und meine Seele zu erkennen
in ihrer Kostbarkeit, als das Gefäß für deinen Geist.
Lass mich erkennen, was meinem Leben not-wendig ist,
und was mein Beitrag sei zur Fülle des Lebens.

Wache du über den Ärzten,
überlass sie nicht sich selbst und den Umständen ihrer Arbeit
und fremden Einflüssen,
gib ihnen Durchblick und Weisheit in den Entscheidungen,
gewinne ihr Herz, mutig dem Leben deiner Geschöpfe zu dienen, nicht fremden Zwecken.

Dir will ich vollkommen vertrauen.
Hilf mir dazu am Tage und des Nachts,
besuche mich mit deinem Frieden und der Zuversicht,
die Erschütterungen übersteht und schlechte Nachrichten.
Dein ist die Macht, bei dir ist die Lebenskraft,
von dir erbitte ich mein Leben.
Amen

Akute Not

Rufe mich an in der Not, so will ich dich erretten, und du sollst mich preisen.

Psalm 50, 15

Wegweiser

Ich glaube, dass Gott uns in jeder Notlage soviel Widerstandskraft geben will, wie wir brauchen. Aber er gibt sie nicht im Voraus, damit wir uns nicht auf uns selber, sondern allein auf ihn verlassen.

Dietrich Bonhoeffer

Es ist deine Zeit der Not? Dein Tag der Not? Wenn du sie aussprichst,
heraus schreist, laut oder tonlos, so wirf sie hin vor Gott,
denn bei ihm ist Wahrheit, Hilfe und Wende. Nimm ihn beim Wort.
Verschließ die Katastrophe nicht vor ihm, er hat versprochen zu helfen.

Trau ihm, Unmögliches ist möglich bei ihm.
Trau ihm, der Macht hat zu wenden, was du nicht wenden kannst.
Trau ihm, der dich durch trägt durch die Schrecken.
Trau ihm, den Ausweg zu zeigen, den du gehen kannst mit ihm.

So hat er immer geholfen, in seiner Weise, zu seiner Zeit,
denen, die ihm vertrauten.
Ruf ihn, vertrau ihm, und dann danke ihm und dann vergiss ihn nicht,
deinen Gott und Helfer.

Gebet

Mein Gott, hilf mir. Sieh meine Not.
Ich bin umzingelt
und meine Füße sind gefangen.
Ich bin matt gesetzt, die Angst schnürt mir die Kehle zu.
Selber schuld und nicht schuld, Herr, befreie mich.
Wende ab, was mich zerschmettern will,
rette meine Seele hindurch,
und lass die Schuld mich nicht zermalmen.
Beruhige den Sturm meiner Gedanken,
den Fluchtinstinkt,
denn wohin sollte ich fliehen,
du bist schon da.
Mach mich nüchtern und klar,
und lass dein barmherziges Licht scheinen auf die Not,
wie sie ist.
Halte in deiner Hand alle,
die Macht haben über mich,
dass sie sich nicht austoben an mir.
Herr, in deine Hand will ich fallen,
dann wird die Not vergehen wie Nebel
und ich will mich freuen an dir.
Amen

Brennender Wunsch

"Wenn ihr mich von ganzem Herzen suchen werdet, so will ich mich von euch finden lassen“, spricht der Herr.

Jeremia 29, 14

Wegweiser

Sorgt euch um nichts, denn ihr könnt ja beten. So sollen eure Wünsche allezeit, wenn ihr betet und bittet, begleitet von Dank und Lob vor Gott kommen.

Philipper 4, 6

Die Erfahrungen durch die Jahrhunderte stehen nebeneinander:
Ein Mensch trägt seinen brennenden Wunsch vor den lebendigen Gott und vertraut auf dessen Versprechen und auf die vielen Erfahrungen der Glaubensgeschwister zuvor.
Und der Wunsch wird erfüllt.
Es kann auch sein, dass ein Mensch sich nicht wirklich traut, seinen Wunsch vor Gott zu tragen oder es mit halbem Herzen tut. Von dieser Art sagt die Erfahrung, dies ist ein unsteter Mensch, zweifelnd und bittend zugleich, hin und her geworfen wie eine Meereswoge. Und solchem inneren Wankelmut gilt das Versprechen nicht, dass Gott sich bitten lässt.
Umgekehrt, das Versprechen der erfüllten Bitte gilt, wenn die Bitte begleitet ist von Dankbarkeit und Lob, dass Gott ist, wie er ist und fügen kann, was wir brauchen.
Die Bitte braucht dieses Vertrauen und das Aufgeben der Sorge.

Und wenn Gott bei allem Ernst der Bitte diese nicht erfüllt, dann ist es ein Zeichen, dass die Weisheit Gottes für den Lebensweg des Bittenden anderes vorhat, was aber erst später im Rückblick deutlich wird. Dann heißt es, den Weitblick zu behalten, das Ziel nicht nicht aus den Augen zu verlieren, aber an der Hand Gottes zu gehen, die einen anderen Weg weist als den von dem bittenden Menschen geplanten.

In jedem Fall aber ist es recht und richtig, die Bitte in vollem Vertrauen vor Gott zu tragen und sich dann auf seine Weisheit und Güte und Macht zu verlassen. Denn es wird in jedem Fall dir zum Guten wirken.

Gebet

**Mein Gott und Vater,
gütig bist du,
und alle Möglichkeiten stehen dir zu Gebote.
Dir zu vertrauen nimmt mir die Unruhe
und die Anspannung.
du kennst meinen Wunsch,
du siehst, wie schwer er auf mir lastet
und dass ich nichts weiter dazu tun kann.**

**Komm du mir mit deiner Macht entgegen
und füge du,
dass gelingt und zustande kommt,
was ich mir zutiefst wünsche.
Prüfe du meinen Wunsch,
ob er wahrhaft gut ist für mein Leben,
und gib mir, wie ich es brauche.
Lege deinen Willen auf meinen Willen,
denn dein Wille für mein Leben ist heilvoll,
weil du deine Geschöpfe liebst und erlöst
aus dem Filz von Wünschen und Gedanken
ohne Erkenntnis.**

**So bitte ich dich, sieh meinen Wunsch an
und wirke mir zugute, denn ich vertraue dir.
Amen**

Schwerwiegende Entscheidung

Ich will dich unterweisen und dir den Weg zeigen.

Psalm 32, 8

Wegweiser

Fäll nie eine Entscheidung, wenn du ganz froh oder ganz traurig bist.

anonym

Wenn du diese Seite aufgeschlagen hast, dann suchst du vielleicht Hilfe zu einer schwerwiegenden Entscheidung. Das göttliche Angebot steht: Ich zeige dir den Weg.

Die Erfahrung sagt: Entscheide nur, wenn du mit dir selber im Lot bist,
niemals in extremer Situation, wenn du deinen Gefühlen ausgeliefert bist.
Denn da verzerrt sich die Wahrnehmung. Es ist auch eine Erfahrungswahrheit,
dass man bei Entscheidungen nach aller Information, nach allem Rat und vernünftiger Abwägung auf die ganz leise innere Stimme hören soll. Und diese ist nur zu hören,
wenn die starken Gefühle schweigen: die innere Stimme, die Intuition, die Eingebung.

Es bleibt die Mühe, zu klären, woher die Eingebung kommt: aus dir selbst?
Aus Fremdbestimmung? Wenn du um Wegweisung gebetet hast, von Gott?

Wie kannst du das prüfen?
Sicher ist: Die Entscheidung muss im Licht geschehen, vor Gottes Angesicht, vor ihm ausgesprochen. Da muss die Entscheidung standhalten. Da wird der innere Friede oder Unfriede über die Entscheidung aufkommen.
Manchmal gehört dazu, die Frage des Unrechts zu stellen. Es ist aber möglich, dass Unrecht unvermeidbar ist und du dich in jedem Falle der Entscheidung schuldig machst.
Eben deshalb brauchst du Gottes Schutz und Weisung, denn bei ihm ist der Überblick, Vergebung und Erlösung für Unlösbares.

Gebet

Mein Gott, mein Vater und mein Erlöser,
von Alters her bietest du deinen Geschöpfen Rat und Weisung,
Schutz und Fügung, damit wir nicht in Abgründe gleiten
und uns verirren in den Nöten dieses gefährlichen Lebens.
Selbst entscheiden oder hinnehmen, was andere entscheiden,
schwer ist es, den Weg zu finden.
Verwirrend sind die Stimmen,
mächtig wirkt in der Tiefe, was uns geprägt hat von außen.
Du versprichst dein Geleit und Wegweisung,
und ich schwanke inmitten meiner Freiheit.

Ich bitte dich, sieh ob ich in meinem Denken und Wünschen
auf gutem Wege bin oder auf falschem Wege,
und leite mich auf deinem Weg, denn darauf liegt dein Segen.
Stell ins Licht vor deinem Angesicht
meine verborgenen Motive,
und gib mir Klarheit und den Sinn für den rechten Zeitpunkt.
Mache mein Herz fest, wenn ich entscheide,
und nachdem ich entschieden habe.
Auf dich will ich mich verlassen in der Stunde der Entscheidung,
gib mir den Frieden dazu zum Zeichen.
Amen

Kriminalitätsverstrickung

Er kennt meinen Namen, darum will ich ihn schützen.
Er ruft mich an, darum will ich ihn erhören,
ich bin bei ihm in der Not,
ich will ihn herausreißen und zu Ehren bringen.
Psalm 91, 14-15

Wegweiser

Wer den Namen des Herrn anrufen wird, der soll errettet werden.
Josua 3, 5

Möglich, dass du im Griff der Gewalt und des Verbrechens bist, vielleicht auch selbst dabei schuldig geworden. Möglich, dass du siehst, wie du tiefer abgleitest und kein Rückweg mehr ist. Schon jetzt nicht, und du siehst noch das Tageslicht schwinden und sehnst dich heraus. Aber die Angst lähmt den Mut und macht dich stumpf für Hoffnung und blind für Hilfe.

In größter Not und Schwäche gilt am meisten: Wende dein Herz zu dem, der deine Lage schon längst gesehen hat und den menschlichen Abgrund kennt.
Suche seinen Schutz inmitten der Angst, rufe zu ihm, der längst auf dich wartet, und dann vertrau dich seinen Fügungen an, er wird dich Helfer finden lassen, seine Boten.

Aber zuerst, sei über- mütig und wende dich an den, der gerne hilft und über Menschenvermögen hinaus. Er hat dir schon sein Wort gesandt, es ist für dich.

Gebet

Mein Gott und Vater,
vor deinen Augen ist alle meine Schuld,
die mich bedeckt
und allen Mut zur Rückkehr ersticken will.
Ich sehe keinen Weg zurück ins Tageslicht.
Angst, Gewalt und Kontrollen der Menschen
haben mich ganz und gar umklammert.
Wenn ich fliehe, werden sie mich finden,
wenn ich bleibe, falle ich tiefer in Schuld
und gehe ich zugrunde.

Aus meiner Ohnmacht rufe ich zu dir,
reiß mich heraus,
denn bei dir ist solche Macht
und Ausweg zum Leben.
Stärke mir den Willen und den Mut inmitten der Angst,
damit mein Geist nüchtern wird und ruhig
und ich sehen kann, wo du mir Hilfe schickst.
Erlöse meine Seele von dem Bösen,
das sie aufgesogen hat, vom Gift, das lähmt
und führe mich zurück ins Leben.
Hilf mir bald, denn ich versinke,
stelle meine Füße auf festen Boden
ins Licht der Wahrheit und Vergebung,
und sende mir Menschen auf den Weg,
die zurecht helfen,
denn ich suche neues Leben.
Amen

Lebenslüge

Ich kannte dich, ehe ich dich im Mutterleibe bereitete.

Jeremia 1, 5

Wegweiser

Die Wahrheit wird dich frei machen.

Johannes 8, 32

In eine Lebenslüge kannst du hineingeboren sein.
Oder aber du selber hast an einer Weichenstellung deines Lebens dich nicht für einen Weg entschieden, sondern wolltest beide Wege zugleich gehen. So führst du ein Doppelleben vor dir und vor den Menschen. Du brauchst seither Folgelügen, und niemals ist Frieden in dir, denn dich umspült die Angst vor Aufdeckung und Zerfall deines Lebens.
Auf Verständnis der Menschen kannst du nicht bauen, du greifst ins Leere bei der Vorstellung die Lüge aufzudecken. So bleibt die Seele gespannt und schreckhaft in der Angst.

Er aber, dein Gott und Schöpfer, weiß schon immer darum und kennt dich.
Bei ihm ist die Güte, die zurecht bringen will, und die Weisheit, wie das geschehen kann.
Er hat dich bewahrt bis jetzt, er hat deine Schwäche nicht ans Licht gezerrt
und dich dem Unverständnis und der Unbarmherzigkeit nicht preisgegeben.
Wahrheit hat ihre Stunde, und die Lebenserfahrung zeigt, Gott kann in deiner Lebensgeschichte auf krummen Linien gerade schreiben. Du kannst ihm deinen Lebensweg anvertrauen und seine Fügungen deuten lernen, und um Weisheit bitten, denn er kennt alle, die teilhaben an deiner Geschichte, und sucht niemals die Zerstörung, sondern gibt Möglichkeit zur Heilung. Er hat Möglichkeit, die dir verborgen ist.

Gebet

Mein Gott und Vater,
Du weißt, was für Gebilde wir sind,
du kennst unsere Schwäche und Ängste,
unsere Verführbarkeit.
Du weißt, dass manche Menschen die Wahrheit nicht aushalten
und einander das Leben zerstören können,
einander in Unbarmherzigkeit fallen lassen ins Nichts.

Dir vertraue ich die Wahrheit meines Lebens an.
Vor deinen gnädigen Augen ist aufgehoben
alle Schuld in meiner Familie,
alle Unwahrheit, die auf mich gekommen ist,
alle meine eigene Schuld, und mein Leiden an den finsteren Bereichen.
Du siehst meine Ängste vor dem Licht der Wahrheit,
das ich aber doch ersehne.
So bitte ich dich um Weisheit,
die rechte Zeit und die rechte Weise zu ergreifen,
wenn sie vorbereitet ist durch dich,
dass Wahrheit einziehen möge in mein Leben.
Ich habe Hunger nach der Befreiung, Sehnsucht
nach aufrechtem Gang und nach der Freude
am Licht der Wahrheit vor dir und den Menschen.

Vergib die Schuld, die mich beugt
und mich mit Ängsten vor Entdeckung umklammert.
Lass mich die Leichtigkeit der Freude am Leben erfahren,
die nichts verstecken muss.
Lass die Schuld vergehen, wie den Nebel,
denn darauf will ich vertrauen,
dass deine Vergebung gilt, durch Christus, für alle, die sie erbitten.
Amen

II BEFINDLICHKEITEN

Gekränkt

Man stößt mich, dass ich fallen soll, aber der Herr hilft mir.

Psalm 118, 13

Wegweiser

Zank nicht mit einem Schwätzer und leg nicht nicht Holz auf das Feuer.

Jesus Sirach 8, 3

Du bist in Zank und Streit hineingezogen und verstrickt und siehst die Absichten gegen dich. Leg nicht nach, sondern bring dich, so verknäuelt mit deinen Peinigern, vor Gott, sie und dich. Lerne eine neue Sichtweise. Unter seinen Augen ist dies ein geistlicher Kampf. Zerstörungsgeist ist am Werk, der Wahrheit zersplittern will und Verwüstung hinterlassen.

Es gibt eine Rüstung zum Schutz und Aushalten,
und das Gebet ruft Gottes Wirken auf den Plan.
Zieh also an die göttliche Rüstung, um dich zu schützen:
den Schutz der Wahrheit,
den Panzer der Wahrhaftigkeit und des rechten Tuns,
die Stiefel der Friedfertigkeit,
halt hoch zur Abwehr das Gottvertrauen.
Darin kannst du die giftigen Pfeile abfangen.
Die Gedanken schütze mit dem Wissen von Gottes Gegenwart.
Und so geschützt halte stand, indem du Gottes Wirken erbittest.
Versuch es.

Gebet

**Mein Gott, vor dir ist alles offenbar.
Komm mir zu Hilfe,
bewahre meine Seele und meinen Geist
in deiner göttlichen Rüstung,
die du denen gibst,
die angegriffen sind und gelähmt von Kränkung,
bedroht im Streit,
der wie ein Rausch über Menschen kommt
und die Vernunft ersäuft.**

**Ich bitte dich,
sende das Licht der Wahrheit in die Situation,
stärke die Beteiligten,
Angst abzulegen, Wahrheit auszusprechen,
Befreie sie vom Zwielicht
und schenke Mut, rechte Worte zu sagen.
Lass Friedfertigkeit aufkeimen
unter dem Gestrüpp der Worte
und Menschen sich einmischen,
stabil genug, den Mund aufzutun mit Wahrheit
gegen den Sog zum Falschen.
Ich vertraue auf dich,
denn die Wahrheit wird uns alle befreien.
Amen**

Einsam

Wende dich zu mir und sei mir gnädig, denn ich bin einsam und elend.
Psalm 35, 16

Wegweiser

Bete, dass deine Einsamkeit der Stachel werde, etwas zu finden, für das du leben kannst und groß genug, um dafür zu sterben.
Dag Hammarskjöld

Für die Einsamkeit sind wir nicht geschaffen. Sie ist nicht gesund für die Dauer. Aber sie gehört zu unserem Leben beim Eintritt und beim Ausgang. Und dazwischen immer wieder.

Sie birgt die tiefsten Kräfte zur Klärung des Lebens, macht hellsichtig und hellhörig. Einsamkeit ist ein Zustand für den Besuch der Boten des Unsichtbaren.

Vielleicht kannst du es so sehen: Einsamkeit ist das Allein-Sein vor Gott, dem Gütigen, dem, der dir Leben schenkt und erhält.
Einsamkeit ist Reifezeit für tiefe Erkenntnisse über dich, das Menschenwesen, dein Leben jetzt, zurück und nach vorn.

Einsamkeit ist der Ort, getröstet zu werden von anders woher.
Sie ist aber deiner Seele todgefährlich, wenn du dich nicht öffnest für den Trost.
Deshalb bitte ihn herbei, den Beistand, der Licht und Wahrheit, Weg und Leben ist,
dann wird die Einsamkeit aufblühen wie Wüste nach dem Regen, und du kannst weitergehen.

Gebet

Mein Schöpfer und Vater,
Stille, Stillstand, Ferne von dem Menschen, Schwäche und Ziellosigkeit
hat mich eingewoben. Ausgegrenzt und wie neben mir und fern von dir,
das ist mein Elend.
Gott des Lebens, wende dich zu mir, denn ich kann mich nicht rühren,
bewahre mich vor Ablenkung und Zerstreuung, lass mich nicht
betäubt werden von falschem Trost, und lass mich nicht versinken
in Bodenlosigkeit.
Zieh mich heraus, festige mein Herz, kläre meine Augen und Ohren
und lass mich Fuß fassen auf festem Boden im Leben.
Unter meinen Mitmenschen gib mir Raum und Zutrauen
zu dir, zu ihnen und zu mir.

Lass mich begreifen, was ich lernen soll in der Einsamkeit,
lass Frucht entstehen, wenn das die Zeit des Reifens ist,
bewahre mich wie deinen Augapfel
vor den Verführungen der Einsamkeit
Ich vertraue dir meine Tage und Nächte an,
lass mich erneuert hervorgehen aus dieser Einsamkeit
befreit von den Schlacken des Abgelebten
aber die Kostbarkeiten meiner Lebensreise im Herzen.

Nimm meiner Einsamkeit das Elend und durchleuchte sie
mit dir, bis du mich zurück rufst mitten hinein, umgeben von dir.
Amen

Vom Leben satt und müde

Und Abraham verschied und starb in einem guten Alter, als er alt und Lebens satt war.
1. Mose 25, 8

Wegweiser

In deine Hände befehle ich meinen Geist.
Psalm 31, 6

Es ist ganz unserer Natur gemäß, die Kräfte schwinden, und schließlich schwindet auch das Haften am täglichen Geschehen. Das Fühlen verblasst, das Wesen zieht sich zurück und der Geist will nichts mehr fassen. Das Gefäß des Lebens ist gefüllt, nichts passt mehr hinein. Vergangenes belastet nicht mehr, Wunden schmerzen nicht mehr, aber der Wille will noch bestimmen, dass das Leben nun aufhöre und der Ausgang erlaubt sei.

Als Segen gilt es, wenn ein Mensch alt und satt ist von der Fülle seines Lebens. Niemand, keine Liebe sollte ihn zurückhalten, gegen seine innere Zeit.
Sein Gebet des Übergangs ist dieser uralte Akt: in deine Hände, mein Gott, befehle ich meinen Geist.

Es ist ganz unserem Wesen gemäß, wenn Leib und Geist die Haftung am Leben verloren haben, seinen Geist in Gottes Hände zu übergeben. Wer nicht mehr an der eigenen Kontrolle haftet, wann er dieses Leben verlassen darf, wer wirklich bittet vor dem gütigen Gott, dass sein Wille und Gottes Wille zusammenfinden, der wird schon hier erlöst den Ausgang aus diesem Leben zum Eingang in neues Leben finden.

Gebet

Mein Gott und mein Vater,
Herr über Leben und Tod
und über das Ewige Leben,
Du kennst mich
ehe ich im Leibe meiner Mutter gebildet wurde.
Zu deinem Gefäß hast du mich gemacht.
Auf langen hellen und auch gefährlichen Wegen
hast du mich getragen durch den Krieg
und hast du mich geleitet mit deinen Augen
und geschützt bis mir jetzt die Kräfte schwinden,
bis mir Seele und Geist matt geworden sind
und das Leben nicht mehr fassen.

Für das Vergangene und Überwundene,
für Schönes und Erkanntes und Geliebtes
sei dir Dank.
Nimm von mir das Verwesliche,
nimm meinen Geist auf in deine ewigen Hände.
Erlöse mich von aller meiner Erdenhaftigkeit
und nimm mich auf in deine Gegenwart
in neuer, unverweslicher Gestalt,
in das ewige Leben mit dir und deinen Geschöpfen,
die du niemals dem Tode preisgibst.
Amen

Eingemauert in großes Leiden

Gott hat mich ummauert, dass ich nicht heraus kann. Und wenn ich auch schreie und rufe, so stopft er sich die Ohren zu vor meinem Gebet. Er lässt mich den Weg verfehlen, er hat mich zerfleischt und zunichte gemacht. Meine Seele ist aus dem Frieden vertrieben, ich habe das Gute vergessen. Gedenke doch, Gott, wie ich so elend und verlassen, mit Wermut und Bitterkeit getränkt bin.

Du wirst ja daran gedenken, denn meine Seele sagt's mir. „Der Herr ist mein Teil," spricht meine Seele, darum will ich auf ihn hoffen.
Klagelieder Jeremias 3, 7- 8 , 17, 19, 24

Wegweiser

Keiner wird zuschanden, der auf dich harrt.
Psalm 25, 3

Die auf dich harren, kriegen neue Kraft.
Jesaja 40, 31

Wenn du erfährst, dass dein Weg derzeit vermauert ist und dein Ziel aus dem Blick geraten und die Seele verdunkelt ist, dann höre von dieser uralten und immer neuen Erfahrung mit Gott. Deine Mauern werden fallen, Gott wird dich hören, und das Elend wird sich wenden. Mit Sicherheit. Weil er es versprochen hat, dem, der nach ihm ruft.
Du bist in der Zeit des Warten, des Klagens und darin des Vertrauens.
Dein Teil ist das Festhalten an seiner Treue, das Wachbleiben vor ihm in Erwartung und Hoffnung und Zuversicht.

Gebet

**Mein Gott,
zugelassen oder gefügt von dir
bin ich bedrängt und habe den Weg verloren.
Weder zu dir noch zu Menschen in meiner Nähe
dringt die Stimme meines Herzens.
Aber immer hast du dein Geschöpf herausgezogen
aus Leid und Gefängnis, wenn es dir vertraut hat.
Du kannst fügen und erlösen,
Wege öffnen und die Lasten von der Seele nehmen
und den Geist erfrischen zu neuem Leben.**

**Ich bitte dich, erhöre mich,
erwecke in mir die Geduld, auf dich zu warten,
nimm mir das Gift der Bitterkeit
in dieser Übung des Wartens.
Befreie mein Herz vom Groll, der krank macht,
und lass mich erkennen, wie du an mir handelst,
und was ich lernen soll zur Reifung meines Wesens.
Vor deinem gütigen Angesicht halte mich
in dieser Bedrängnis, bis du die Not auflöst,
bis sie vergeht wie der Nebel.
Stärke meine Zuversicht, dass du mich siehst,
mir nahe bist und hilfst.
Amen**

Fremdbestimmt

Behüte dein Herz mit allem Fleiß, denn aus ihm quillt das Leben.
Sprüche 4, 23

Wegweiser

Von nichts lass dich stören,
von nichts lass dich erschrecken.
Alles geht vorüber,
Gott allein ist beständig.
Theresa von Avila

Vielleicht hast du dich verloren oder noch nicht finden können. Vielleicht bist du mehr von anderen geprägt bis zu diesem Moment als deiner Seele gesund ist. Vielleicht formen an dir mit bestem Willen zu starke Kräfte und du bist biegsam geworden, aber du bist nicht zu Hause in dir und kannst nicht ausruhen bei dir. Vielleicht bist du aus der Schwerkraft deines Wesens gerissen. Vielleicht bist du ausgeliefert an Menschenwillen oder an das Menschen-gefallen-Wollen.

Das ist tiefste Störung der Seele, und du spürst es, vielleicht als Leere oder Angst und Bodenlosigkeit.
Nur ein Öffnen deiner inneren Augen braucht es, hin zu dem lebendigen Christus,
der immer schon da ist. Nur einen Vertrauensakt braucht es, hin zu Gott, der dich kennt,
wie du bist und wie du dich nicht kennst.
Deine Hinwendung zu deinem Schöpfer wird dein Wesen stärken und es hervortreten lassen im Spiegel seiner gütigen Gegenwart. Vor ihm kannst du dich wahrhaft und zutiefst kennen lernen, nicht im Spiegel eines Menschen, denn ein Mensch sieht, was vor Augen ist,
Gott aber sieht ins Herz.

Jesus Christus fragte die Hilfesuchenden: „Was willst du, das ich für dich tun soll ?“
Das genau zu sagen, ist die Öffnung zur Hilfe hin. Der Beginn.

Gebet

Mein Gott und Vater,
du kennst mich in den tiefsten verborgenen Regungen,
in meinen Begabungen und meinem Wesen,
in meinen Prägungen und Ängsten.
Du kennst meinen Weg und meine Begegnungen.
Mein Herz ist wie zerschmolzenes Wachs,
Unsicherheit, Scheu und Freudlosigkeit
halten mich gefangen wie in einem unsichtbaren Netz.

Vor dir will ich mich sammeln und finden,
vor dir will ich aufstehen.
Ich bitte dich, festige mein Herz,
mach es lebendig und verständig,
sicher und verankert bei dir,
damit ich neu und unverzerrt sehen lerne,
sehen mit hellem, gütigem und von Angst freiem Herzen,
das Menschen nicht verachtet und nicht vergöttert.

Alle Traurigkeit des Herzens heile du,
damit ich zu Hause sein kann in mir vor dir
und Ruhe finde.
Beitragen will ich zum Guten und Wahren
in diesem Leben, nach meiner Möglichkeit,
die ihre Kraft und Zuversicht und Hoffnung
nimmt aus deiner Güte und göttlichen
Menschenfreundlichkeit.
Hilf mir zum vollen Leben gegründet vor Dir.
Amen

Mutlos

Der Herr hält alle, die fallen und richtet auf alle, die niedergeschlagen sind.
Psalm 145, 14

Wegweiser

Mutlosigkeit ist immer Beweis eines großen Vertrauens auf sich und eines zu kleinen Vertrauens auf Gott.
Michel Quoist

Mutlosigkeit in schwerem Maße kann die Willenskraft knicken und sich wie Blei auf den Lebensgeist legen. Solche Mutlosigkeit ist der Seele gefährlich und kann schließlich nur erneuert werden im Angesicht Gottes durch Gott Vertrauen.

Viele sind die Zeugen durch die Jahrhunderte, die aufgerichtet wurden durch Gottes Geist in ihrem Geist, wenn menschliche Ermutigungen nicht mehr wirkten. Sie erhielten Mut angesichts von Menschenangst und Lebensangst.

Wenn der Mut zum blanken Leben, zum Alltag und seinen Forderungen versiegt ist und Menschenworte nicht mehr helfen und Therapien nicht anschlagen, dann, mitten in der Schwäche lade Gott ein, in deiner Schwäche zu wohnen und sie zu verwandeln.
Das ist möglich. Das ist göttliches Versprechen. Das ist menschliche Erfahrung vor Gott, mit ihm.

Gebet

**Mein Gott und Vater,
alle Lebenskraft und Stärke des Geistes liegt bei dir.
Du allein kannst meinen niedergewalzten Mut zum Leben
wieder aufrichten.
Du findest Raum in der Schwachheit des Menschen,
damit er deine Stärke erfahren kann
und nicht verwechselt mit der seinen.**

**So bitte ich dich, richte meinen Willen
und meinen Mut zum Leben wieder auf,
zünde die Freude am Leben wieder an,
erwecke in mir noch einmal das Fragen, das Staunen,
das Suchen, den Hunger und den Durst nach Leben.**

**Schenke mir am Morgen den Mut,
aufzustehen vor dir,
Leib und Seele in Ordnung zu bringen
und das Notwendige zu tun.**

**Schenke mir die Kraft des Geistes, zu hoffen und
teilzunehmen und meinen Platz und Beitrag zu finden
im Leben, das du mir anvertraut hat,
in menschlicher Begleitung und Ermutigung.**

**Was mir den Mut zerfrisst,
das nimm du von meiner Seele
ganz und gar, noch heute.
Und schenke mir die Geduld,
das Wachsen meines neuen Lebensmutes zu erleben.
Amen**

Überlastet

Kommt her zu mir alle, die ihr mühselig und beladen seid, ich will euch erquicken.

Matthäus 11, 28

Wegweiser

Wer mit sich selbst schlecht umgeht, wem kann der gut sein?
Gönn dich dir selbst. Sei, wie für alle anderen, auch für dich selbst da oder jedenfalls sei es nach allen anderen.

Bernhard von Clairvaux

Du bist, wie jeder Mitmensch: ein Gefäß für Gottes Gegenwart. Wenn deine Seele stumpf geworden ist von der Last der täglichen Forderung, wenn das Herz hart geworden ist und die Stirn verspannt, wenn der Rhythmus von Anspannung und Entspannung schon lange verloren ist und du nur noch funktionierst, wenn du lange nicht zum Himmel aufgeschaut und das Wetter genossen hast, wenn du Dinge tust, täglich, über deine Kraft, dann kehr jetzt um zu dir. Du, nicht nur deine Arbeitskraft, hast deinen Weg und deine Aufgaben in deinem Leben.
Gib dich nicht auf, denn du hast ein Recht, den Weg deines Lebens zu gehen, ein Recht auf den Frieden mit deiner Seele und den Frieden mit Gott und deinen Mitmenschen.

Such die Öffnung des Fensters deiner Seele, lege ab, was zu viel ist, verteil die Lasten, denk neu und suche praktische Hilfe. Und nimm dich selber wahr, seit langem wieder, nimm dich wahr vor Gott, der dir dein Leben schenkt und schützt, wenn du es ihm anvertraust. Er wird dir zeigen, woher Hilfe und Umgestaltung deiner Tage kommen kann und wird es fügen.
Deine Sache ist, dich ihm anzuvertrauen.

Gebet

Mein Gott, mein Vater,
du schenkst uns Leben
auf dieser wundervollen und gefährdeten Erde.
Du hast mich wunderbar gebildet mit Sinnen,
die Schönheit und Freude am Leben wahrzunehmen.

Ich bin unter das Rad der Aufgaben und Pflichten geraten,
zermalmt und erschöpft, blind für Schönheit, taub für Freude,
eingeschlossen in meinen Pflichten und matt an Leib und Seele.
Die Mühe hat mein Maß überschritten,
doch sehe ich keinen Ausweg.

Aber ich weiß, es ist Zeit, Last abzulegen
und ein leichteres Maß auf mich zu nehmen.
Dazu hilf mir. Gib mir die Freiheit der Gedanken,
meinen Alltag neu zu ordnen,
schenke mir hilfreiche Begegnungen und Umstände.

Dir vertraue ich die Neuordnung meines Lebens an.
Lehre mich,
deine Fügungen zu erkennen,
deine Spuren in den Umständen zu lesen,
deine leise Stimme in meinem Inneren wahrzunehmen.

Hilf mir, zu mir selbst zu kommen und auszuruhen vor dir,
gibt mir von dem frischen Wasser des Lebens,
das die Seele erquickt, damit ich Deine Güte austeilen kann
mit entspannter Stirn und neuem Geist,
der dich kennt und dir vertraut.
Amen

Angstvoll

So spricht der Herr: "Ich habe dich erlöst, ich habe dich bei deinem Namen gerufen, du bist mein."

Psalm 61, 3

Wegweiser

Wenn ich mitten in der Angst wandle, so erquickst du mich.

Psalm 138, 7

Deine Angst zeigt dir Gefahr. So kann sie hilfreich sein. Vielleicht aber ist deine Angst diffus, so ist es wichtig, den Grund zu finden. Gib ihr einen Namen, dann ist sie erkannt, lockert ihren Griff und du kannst den Grund sehen. Und dann erbitte von Gott die Gegenkräfte, den festen Boden, den Schutz, das Vertrauen, dass sie weichen wird, wenn du dich auf ihn verlässt, und geklärt ist, zu wem du gehörst.

Unheil, das du erkannt hast, zieht vorüber, vergeht, auch wenn es durch dich hindurch zieht. Was bleibt, ist der Schutz deiner Seele, wenn du in seiner Hand bleibst, mitten in der Angst, aber angefüllt mit Vertrauen.

Gebet

Mein Gott und Vater,
mächtig und voller Erbarmen bist du,
wenn deine Geschöpfen in Ängsten
gefangen werden. Frei willst du uns,
in deiner Welt mit Freude zu leben.
Kräfte der Angst haben mich gelähmt,
das Licht gedimmt, die Freude getrübt,
den Mut zum Tage niedergewalzt,
und losgelöst bin ich von allem,
hin und her geworfen auf den Wellen,
ausgeliefert der Angst ohne Namen.

In deinem Licht zeige mir
den Namen der Angst,
löse ihren Griff um mein Herz,
zieh mich heraus, lass meine Seele atmen
und lass mein Herz fest werden
angesichts der Angst, bis sie sich auflöst.
Dein bin ich, lass nichts mich
deiner Hand entreißen,
und stärke mein Vertrauen, bis es lächeln kann
auch durch die Angst hindurch ,
wissend, dass sie vorüber ziehen muss
und mich in Frieden lassen wird,
in Frieden in Dir.
Amen

III FRAGEN CORAM DEO

Was ist Sache?

Gott will, „dass allen Menschen geholfen werde und sie zur Erkenntnis der Wahrheit kommen.“

1.Timotheus 2, 4

Wegweiser

Wie zum Schauen nur dazu gehört, dass man ein Ding sieht, wie es ist, so ist zum Glauben nur nötig, dass man ein Ding glaubt, wie es ist. Nicht auf deinen Glauben kommt es an, sondern darauf, was du glaubst.

Hannah Whitall-Smith

Es gibt eine Grundbeschaffenheit des Lebens. Diese zu erkennen bringt ins Lot und zum Sinn deines Lebens, nämlich mit innerer Freude und unabhängigen Frieden durch diese wunderbare Welt zu wandern und dabei zum Guten zu wirken.

Diese Grundbeschaffenheit nicht zu erkennen, bringt innere Verkrümmung zur Anpassung. Diese Grundbeschaffenheit nicht zu erkennen, bringt die schmerzvolle Sinnfrage, den Panzer der Dumpfheit oder die Flucht des Rausches.
Ohne die Erkenntnis bist du dem Vielerlei schutzlos ausgesetzt, das nach dir greift und dich prägt, ungeachtet des Sinns. Und du verfängst dich in fremder Wirrnis.

Die Grundbeschaffenheit des Lebens ist die:
Du bist eine Tochter, du bist ein Sohn des lebendigen Gottes, und darin wurzelt deine Würde. Schutz und Bewahrung, Segen, Geistes- und Lebenskraft kommen aus dieser Wurzel ebenso wie deine Bestimmung und damit der Sinn deines Lebens: Mit dem lebendigen Gott zusammen zu wirken in deinem Umfeld zum Guten.

Der Sinn deines Lebens ist damit in dich hinein gewebt, du musst ihn aber erkennen als die Beschaffenheit des Menschen.

Das ist die Sache des Menschen mit Gott. Sie kann erkannt werden. Schau dich um und in dich hinein, und sieh die Wirkungskräfte und ihre Herkunft. Das kann der Anfang tieferer Erkenntnis sein oder eine neue Phase. Auf dem Erkenntnisweg begegnest Du Gott, der dir die inneren Augen und Ohren öffnet.

Gebet

Mein Gott und Vater,
zur Freude hast Du uns geschaffen,
als Gäste auf dieser Erde,
zum Staunen über die Unermesslichkeit
des Universums um uns und in uns.
Aufdecken und erkennen dürfen wir,
was du geschaffen hast, und nutzen zur Freude,
zum Heilen und zum Guten.
Stark ist die Lebenskraft und bricht hervor,
auch wenn die Natur Leben vernichtet
und Menschen einander
und deine Geschöpfe martern und töten.
Stark ist die Zerstörungskraft in uns und um uns,
aber stärker bist du, denn aus dir kommt alles Leben
und zu dir hin strömt alles Leben,
zur dir in die Wandlung und Erlösung.

Dank sei dir für mein Leben
und die Zeit und den Auftrag,
es zu nutzen zum Guten.

Wo ich dich verliere, da suche du mich heim
und lass mich verstehen.
Wo ich plane ohne dich,
da wecke mich aus der Dumpfheit,
mit deinem Geist leite du meinen Geist
zum Verstehen: die Welt um mich,
mich selbst und meinen Weg mit dir.
Damit ich werde, wie ich gedacht bin,
denn das ist das Beste.
Amen

Wie soll ich leben?

Und Gott sah an alles, was er gemacht hatte, und siehe, es war sehr gut.

1. Mose 1, 31

Wegweiser

Verlass dich auf den Herrn von ganzem Herzen und verlass dich nicht auf deinen Verstand, sondern gedenke an ihn auf allen deinen Wegen, so wird er dich recht führen.

Sprüche 3, 5-6

In einer wunderbaren und gefährlichen Welt lebst du. Der Verstand ist der Kompass, aber er ist störanfällig. Auch für Zerstörerisches kannst du den Verstand gebrauchen,

Es gibt außer dem äußeren Weg den inneren, den geistlichen Weg, der von der Wirklichkeit und dem Wirken Gottes weiß. Auch der innere Weg braucht den Verstand, aber er braucht die Erleuchtung des Verstehens. Das Licht des Verstandes, das von Gott kommt, sagt dir, dass du deinen Weg coram deo, vor Gott, gehen sollst, damit du sicher gehen kannst. Er kennt die Abgründe, die deinem Verstand verborgen sind.

Deinen Verstand in Gottes Licht zu gebrauchen, zielt immer auf Klarheit, Wahrheit und Liebe als inneren Kompass. Mit dieser Haltung das äußere Leben zu gestalten, ist dir gesund für Leib und Seele. Du wirst immer wieder Hindernissen begegnen und kämpfen müssen, aber überwinden. So sei sehr achtsam auf dein Herz, an wen oder was du es bindest, denn daraus strömt dein inneres und dann dein äußeres Leben.

Gebet

**Mein Gott und Vater,
undurchschaubar bin ich mir,
fremdes und eigenes Wünschen
kann ich kaum unterscheiden,
Ziel und Aufgaben meiner Tage
verschwimmen mir,
und ich finde mich nicht zurecht
in mir und in der Welt.
Ich möchte alles selber prüfen,
dich und andere Helfer des Lebens,
und doch ist es unmöglich.
Ich bin hungrig nach dem Schönen des Lebens
nach der Leichtigkeit,
und doch ist da
das Korsett der Pflichten und gebahnten Wege,
die ich gehen soll:
fremde Ziele, fremd unter den Menschen.
Zieh mich zu dir, bewohne du meinen Verstand,
schenke mir Licht aus dir, Vertrauen zu dir,
Hoffnung und Freude am Leben
über alle Erfahrung hinaus.
Schenke mir Mut,
mich zu verlassen zu dir hin,
damit ich mich aus dir gewinne,
und mache mein Herz fest in dir,
damit ich in der Weite des Lebens
nicht verloren gehe,
sondern Sinn und Beitrag erkenne,
die du mir eingewebt hast.
Amen**

Wer bin ich, wenn die Rollen vergangen sind?

So spricht der Herr : "Ich habe dich bei deinem Namen gerufen, du bist mein."

Jesaja 43, 1

Wegweiser

Wer ich auch bin. Dein bin ich, Herr.

Dietrich Bonhoeffer

Fürchte dich nicht, es ist Zeit der Klärung und der Reinigung von allem Abgelebten.
Freiheit entsteht und neue Verantwortung.
Fass Mut, sieh hin und bitte um den Geist, der unterscheiden kann: was ist und was ist verblüht? Was lässt sich erneuern, was neu beginnen? Was unmöglich ist, davon befreie dich im Herzen und der Phantasie.
Unterschätze nicht deine Kraft und deine Erfahrung, die Früchte deines Lebens, sammle sie ein mit Dank und Freude. Vor allem freue dich an der kostbarsten Frucht, der Liebe zum Leben, die du dir erhalten hast. Sie wird gebraucht, dringend.
In Selbstvertrauen sei demütig, und suche deinen Weg und Beitrag in neuer und sich wandelnder Gestalt.

Du bist Kind Gottes, Bruder oder Schwester, du gehörst deinem Schöpfer, und bist gewiesen an die Mitgeschöpfe. Darin ausgespannt, das bist du. In diesen ursprünglichen Beziehungen bist du, du selbst.

Deinem Schöpfer zu gehören bedeutet, du gehörst ihm mit deiner Zeit und Kraft, deinem Leiden und Krankheit oder Gesundheit, mit menschlichen Ehrungen und Namen oder in der Unsichtbarkeit, und mit deinen Gütern. Rollen fallen ab, das Leben wird einfacher, frei wirst du von Altem, um Verantwortung neu zu sehen und zu leben.
Genieße die Erleichterung, die alle Klärung birgt und den Zauber in der neuen Ausrichtung.

Gebet

Mein Gott und mein Vater,
Christus, mein Bruder, mein Richter und Erlöser,
Heiliger Geist, mein Beistand,
ewiger Gott,

du hast mich begleitet bis hierher,
auch wenn ich dich aus den Augen
oder aus dem Herzen verloren habe.
Gefährte seit meiner Geburt,
Dank sei dir für deine Treue,
denn jederzeit kann ich mich an dich wenden.
Ich bitte dich um Mut,
hinzusehen auf mich selbst
unter einem Licht, das Wahrheit barmherzig enthüllt.
Lass mich erkennen und annehmen, dass ich dir gehöre
und damit dein Kind bin, mit allem was dazu gehört:
Erleuchte mein Herz, hilf mir, Abgelebtes zu begraben.
Nimm mir die Ängste vor Anstrengungen
und Aufbrüchen und Risiko.
Wenn du neue Aufgaben für mich bereitest,
lass mich nicht irre gehen in Wünschen ohne deinen Segen.
Schenk mir die Lebenskraft des Geistes und der Seele,
damit ich dienen kann in deiner wundervollen und
verletzten Welt.
Amen

Woher kommt mir Sicherheit?

Mich aber, Herr, kennst du und siehst mich.

Jeremia 12, 3

Ich bin bei dir, dass ich dir helfe.

Jeremia 15, 20

Wegweiser

Wenn ihr stille bliebet, so würde euch geholfen.

Jeremia 30, 15

Wenn der Boden einbricht, schon wenn du ahnst, dass es dazu kommen könnte, wenn das Leben zur Baugestelle geworden ist, ohne Dach und sicheren Raum, und Ängste aufgezogen sind, dann erinnere dich an die Wahrheit: Gott kennt dich. Das ist der Grund aller letzter Geborgenheit. Er hat deinen Namen in seine Hand geschrieben, es ist die Hand des Allmächtigen, des Barmherzigen, der seine Geschöpfe nicht aufgibt. Das haben die Menschen aller Zeiten erfahren, die ihm vertraut haben, und es bis zu uns hin weitererzählt.

Deine Selbst-Sicherheit und dein Selbst-Vertrauen haben nur Wirklichkeit und Kraft, wenn sie hinter dem Vorhang der Wirklichkeit sich in deinem Gottvertrauen verankern. Deine Seele neu oder erstmals zu verankern bei dem gütigen und allmächtigen Gott, das braucht Stille. Aufgescheuchte Ängste und ungeordnete Gedanken müssen sich setzen, damit du vernehmen kannst, was hilft, wo sicherer Weg ist und was du meiden musst. Solche Weisheit findet dich in der Stille, wenn du sie nicht durch inneren Lärm verscheuchst.
Sicherheit für die Seele in unsicherer Welt ist das Geschenk Gottes. Nimm es an und und dann handle oder warte, wie du es erkennen kannst.

Gebet

Mein Gott und mein Vater,
Du kennst mich,
ehe ich in meiner Mutter entstand,
zu dir hin suche ich den Weg
durch wunderbares und todgefährliches Leben.
Die Ewigkeit hast du mir ins Herz gewebt.
Verlustangst, unsicherer Schritt,
zerfallendes Selbstvertrauen,
Schwindel beim Blick in die Abgründe
reißen mich aus dem Frieden, immer wieder.
Menschenvertrauen ist rissig geworden,
denn kein Mensch kann den anderen
letztlich erhalten.

So erbitte ich von dir
für jetzt und alle Tage und Nächte meines Lebens,
erfasse du meine Hand,
schenke mir Weisheit,
die das Vernünftige und Gute sucht,
erkennt und tut,
zur rechten Zeit.
Mache du mein Herz fest in dir,
dem einzigen Platz der Sicherheit,
und stärke so mein Selbstvertrauen,
gegründet in dir, mutig aus dir,
damit ich in ruhiger Sicherheit die Baustelle
sichten, Neues bewirken und mich unter den Menschen
sicher und aufrecht bewegen kann.
Amen

Wie kann ich etwas Besonderes leben?

Wer ist unter euch, der einen Turm bauen will und setzt sich nicht zuvor hin und überschlägt die Kosten, ob er genug habe, um es auszuführen? Damit nicht, wenn er den Grund gelegt hat und kann's nicht ausführen, alle, die es sehen, anfangen, über ihn zu spotten.

Lukas14, 28

Wegweiser

Wer sich vornimmt, Gutes zu wirken, darf nicht erwarten, dass die Menschen ihm deswegen Steine aus dem Weg räumen, sondern muss auf das Schicksalhafte gefasst sein, dass sie ihm welche darauf rollen. Nur die Kraft, die im Erleben dieser Widerstände innerlich lauterer und stärker wird, kann sie überwinden. Die, die sich einfach dagegen auflehnt, verbraucht sich darin.

Albert Schweitzer

Wenn du dein Leben als ein besonderes leben willst, dann betrachte einmal mit Ruhe:

Jede Lebensgeschichte ist eine besondere, und zugleich hat sie Teil an der Allgemeinheit der eigenen Generation, des Geburtslandes, der Mentalität, den Chancen, des Zeitgeistes, der Herkunft. Nur in einige Facetten ist deine Geschichte und deine Wurzel besonders. Du kannst deine Besonderheit dein Potenzial nennen, vor Gott heißt deine Besonderheit: deine Begabung oder Gnade. Jesus beschreibt die Besonderheit als die Begabung mit verschiedenem Maß von Talenten, die jedem einzelnen anvertraut sind, zum Gebrauch.

Deshalb wird von dem Menschen, der mehr Talente anvertraut bekam, auch mehr gefordert.

Manches Talent ist besonders in seiner Umgebung, aber wenn es sich unter lauter gleichen Talenten befindet, ist es wieder Teil der Allgemeinheit.

Wie wird das Leben ein besonderes? Wenn du deine Besonderheit oder Gnade entwickelst zum Einsatz für ein hohes Gut, das in der Allgemeinheit von hohem Wert ist. Es kostet dich die ganze Entfaltung, alle Mühe, alle Lebenskraft, Verzicht und Leiden. Und wenn dieses hohe Gut nicht in irgendeiner Weise mit der Urkraft des Lebens, der Liebe, zu tun hat, aus ihr lebt und sie gestaltet, dann ist es schließlich nichts und zerfällt noch vor deinen Augen.

Ein Leben, das aus der Kraft der Liebe gestaltet ist, indem es beiträgt zu Frieden, zu Gerechtigkeit und Bewahrung unserer Erde und allem was darinnen ist und das Leben gestaltet in aller Kunst, die zum Guten dient, das ist ein besonderes Leben. Eigentlich ist es jedem aufgetragen nach dem Maß unserer Talente. Solch ein Leben hinterlässt Spuren und wird verstanden in der Allgemeinheit.

Gebet

Mein Schöpfer und mein Vater,
mein Gott, der mich begabt hat,
dir sei Dank, dass ich nach der Besonderheit
meines Lebens suchen kann.

Hilf mir zur Klarheit vor dir,
die Begabung als deine Gnade zu sehen
und anzunehmen,
und ebenso die Forderung, die darin liegt:
Du hast das Maß vorgegeben in mir.
Lebensgefährlich für meine Seele ist das Unterschreiten
und das Überschreiten meiner Fähigkeiten und Lebenskraft.
In der Weite deines Anspruchs,
teilzunehmen an der Gestaltung des Lebens in Liebe
lass mich meinen Beitrag finden und den Weg dahin.

Bereit bin ich, zu wachsen und zu wirken,
zu kämpfen und zu erleiden,
in Niederlagen aufzustehen
und die Weisheit von dir zu erbitten,
die durch die Gefahren führt.
In den Dienst des Lebens
will ich meine Talente stellen,
aber nur dein Segen
kann das Gelingen verbürgen.
Deshalb erbitte ich dein Geleit.
Amen

Was ist tot in mir und was will leben?

Das geknickte Rohr wird er nicht zerbrechen und den glimmenden Docht wird er nicht auslöschen.

Jesaja 42, 3

Wegweiser

Gott wird euch aufrichten, stärken, kräftigen, gründen.

1. Petrus 5, 10

Es geht um das Leben des Geistes und der Seele. Das Versprechen ist eindeutig: wo Leben stockt und gefährdet ist, der Wille niedergetreten, die Wurzel haltlos, da schenkt der Schöpfer Lebenskraft, die neu mit dem Grund verbindet und aufrichtet.
Auf dein Bitten hin.
Es ist nicht Suggestion, es ist Lebenskraft von Gottes Geist in deinem Geist, Lebenskraft, die befreit von den Kräften des Zerbruchs. Langsam, umgeben von deinem Beobachten und Staunen und Dank, wird lebendig und steht auf, was kümmerlich war.

Aber Erstarrtes, Abgestorbenes, ungeprüft mitgeschleppte Wünsche und Selbstbilder, verpasste Chancen, Lebloses also, das wie Filz auf dem Geist liegt, vielleicht Jahrzehnte lang die Lebensenergie fast erstickt und den aufrechten Gang geknickt und den Blick getrübt hat, das, was längst tot ist, aber nicht ausgeräumt, das sammle ein und wirf es weg.

Woran erkennst du, dass es tot ist? Daran, dass es nicht gewachsen ist, keine Frucht getragen hat, keine Sehnsuchtskraft entwickelt.

Wie es nötig ist, deinen Besitz von Verwucherungen und Ungebrauchtem immer wieder zu reinigen, so auch deinen Geist vom Abgestorbenen. Das Geschwächte aber wird leben aus neuer Kraft des Geistes und der Seele.

Gebet

**Mein Gott, mein Schöpfer und mein Vater,
du ernährst meine Seele und meinen Geist,
denn so hast du mich geschaffen.
Meine Wurzel hat den Grund verloren,
deine inneren Wege in mir sind verschüttet,
mit Leblosem, Mitgeschlepptem, Ungeprüftem.
Totes ist in mir und hat mir das Herz verhärtet
und den Geist verdunkelt und die Seele beladen.**

**Schenk mir von deinem Geist,
der Wahrheit unterscheiden kann von Schein,
Lebendes von Totem,
und hilf mir, Geist und Seele zu reinigen.
Im Spiegel deiner Güte lass mich wahrnehmen,
was seine Zeit hatte und vorbei ist,
hohles Wunschgebilde.
Lass mich entdecken,
was geschwächt ist, aber lebt
und leise sich regt, wenn vom Toten befreit.
Stärke zum Wachsen, was gut ist vor dir
und lass die Freude dein Zeichen sein für mich.
Schärfe meinen Geist, dein Wirken wahrzunehmen,
halte fern von mir die Zweifeleien,
die den Geist verwirren
und das Wachsen zum Stocken bringen.
Mit einem willigen Geist statte mich aus.
So will ich leben vor dir
gefestigt, leuchtend, aufrecht
mit neuer Liebe zum Leben.
Amen**

Was wird aus meinem Lebenstraum?

Befiehl dem Herrn deine Werke, so wird dein Vorhaben gelingen.

Sprüche 16, 3

Wegweiser

Jeder aber, der kämpft, enthält sich aller Dinge.

1. Korinther 9, 25

Kommt dein Lebenstraum wirklich aus dir? Dann ist etwas in dir, das aufgeweckt ist zu dem, was sein kann aus dir. Mut, Disziplin, Ausdauer, Einschränkung, Widerstandsfähigkeit, Festigkeit, Überwindungskraft stehen als Wegweiser am langen Weg durch Zweifel, Rückschläge, Gegenwind, dunkle Strecken und Erschütterungen.
Manchmal musst du einen Umweg nehmen, und das Ziel schwindet aus den Augen.
Manchmal wird es eng im Gedränge mit den Konkurrenten aus aller Welt mit demselben Traum, geschmückt oder verborgen unter Zertifikaten von überall.

Oder ist es ein fremder Traum ?
Was braucht es auf dem Weg? Das ist die eine Frage. Die andere ist schwerer: Wer bin ich? Beide Fragen gehören zusammen. Wer du bist, auf dem Traumweg, das spiegeln dir auch Tests und Filter, die dir zeigen, wer gesucht wird. Dahinter steht vielleicht ein fremder Traum, der dich samt deinem Traum verschlingen will. Wer du wirklich bist, ist vielleicht nicht dasselbe.

Vor wem kannst du die Wahrheit über dich erkennen, dein tiefstes Lebensthema?
Es liegt nicht obenauf. Es ist der innere Zusammenhang von dir und deinem Lebenstraum.
Vor jedem menschlichen Spiegel siehst du dich getrübt durch die Trübung des Anderen, verzerrt von seinen Tests.

Coram deo, vor Gott in letzter Offenheit kannst du von dir erfahren, was dein Denken nicht erreicht. Bitte um das barmherzige Licht, setze dich und deinen Lebenstraum aus vor Gottes Angesicht. Und wisse, nur was unter seinem Segen steht, wird letztlich gut. So ist die geistliche Welt geordnet, in die du hinein geboren bist.

Gebet

Mein Schöpfer, mein Gott und Vater,
Lebenszeit und Ort und Talente hast du mir gegeben
und Möglichkeiten der Entfaltung.
Ich will mein Leben nicht vergeuden in Unklarheit,
nicht wie wie totes Holz an den Rand
des Lebensflusses gespült werden.
Und ich will nicht im Schwindel
kreiseln um mich selbst.
Wirken will ich zum Guten.
Aber immer wieder flimmern Bilder
durch meinen Lebenstraum, die das Ziel verstören.
Immer wieder liegen Hindernisse auf dem Weg
und zerren Stimmen an meiner inneren Entschlossenheit.
Selbstzweifel unterspülen die Festigkeit,
Zweifel am Sinn erschüttern meine Kraft,
leichtere Wege locken mein Gemüt.

Prüfe du mich und lass mich erkennen,
wie ich es meine, zeig mir das Maß meiner Kraft
und der Talente, die mir du gegeben hast,
denn nur du siehst, was nicht vor Augen ist.
Nimm an meinen Willen
zum guten Werk meines Lebens,
Lass mein Leben gute Frucht bringen,
sieh, ob ich auf gutem Wege bin
und leite mich auf rechtem Wege.
Denn nur was unter deinem Segen geschieht
wird letztlich gut.
Amen

Wie können meine Lebensbrüche zusammenwachsen?

Wirf dein Anliegen auf den Herrn, er wird dich versorgen.

Psalm 54, 23

Wegweiser

Im Gebet kommen viele Dinge ins Lot. Das Gebet hat heilende Kraft, macht ruhig, sachlich, objektiv, menschlich.

Peter Wust

Dein Leben ist dir zersplittert. Aber du willst heil werden.
Vielleicht haben Kräfte von außen dich vom Weg gedrängt, das Licht des Himmels verdunkelt, Löcher gerissen in das menschliche Netz, Erworbenes zertrümmert.
Unter dem Schleier der Einsamkeit siehst du Risse und Scherben deiner Lebensgeschichte.

Vielleicht hast du selber durch falsche Entscheidungen an den Wegkreuzungen dich ins Dickicht verirrt, Beziehungen sind zerfallen, Sicherheiten zerbrochen, den Platz im Leben hast du verloren und suchst einen neuen.

Coram deo, vor Gott bist du, wie du bist. Und wieder am Scheideweg. Den Weg allein weiter stolpern, oder aber: das Haupt erheben, den Blick weg von Scherben, hin zu dem lebendigen Gott, der auf dich wartet. Sein Blick auf Scherben ist barmherzig, denn er weiß, was für Gebilde wir sind.
Vor ihm kannst du lernen, Veraltetes liegen zu lassen, Zweifel an dir selber und an ihm abzuwehren. Er hilft aufzustehen gegen den Unglauben, wenn du ihm vertrauen willst.
Von ihm kannst du neue Hoffnung, neue Lebensliebe und Stärkung deiner Lebenskraft erbitten.
Das aber musst du tun. Frag ihn nach Weisheit für deinen weiteren Weg. Er ist der Wegbereiter und schickt dir seinen Beistand, seinen Geist in deinem Geist.
Hör und lies, was du von ihm wissen kannst. Er hilft dir zur Reinigung des alten Lebens, fügt Zerbrochenes zusammen, lehrt dich, zu unterscheiden, was leben will und was tot ist.
Er wird dein gereinigtes Leben zusammenfügen und es vollenden in der Ewigkeit.
Aber das Aufgeben des Stolzes und das Vertrauen zu ihm ist dein Anteil.
Daraus entsteht dir auch die Geduld und die Vorfreude, das Gewebe deines Lebens, was war, ist und kommt, zu sehen, wie es sich sinnvoll zusammenfügt.

Gebet

Mein Gott und mein Vater.
Dein Wille ist ausgespannt und umfängt alles Geschehen.
Deine Hand umfängt auch mein Leben.
Vor deinen Augen webt sich und reißt meine Lebensgeschichte.
Aus deiner Gegenwart kann ich nicht fallen.
Aber ich erkenne im Vergangenen
kein Bild meines Lebens,
nicht Weg und Ziel und kaum mich selbst.
Risse, Scherben, Fetzen, Verlorenes und Kostbares
flimmern in meinem Herzen.
Aber sie ergeben keinen Sinn.

Sende mir dein Licht, dass ich Wahrheit sehe,
bevor es zu spät ist. Zeig mir den verborgenem Sinn.
Lass mein Leben nicht Grund zum Spott werden für die,
die sagen, es sei kein Gott,
und für die, die nur heiles Leben kennen.
Ich überlasse dir das Bisherige.
Hilf mir zur Vergebung,
nimm von meiner Seele was tot ist
und lass mich weiter gehen, auf gutem Wege,
mit sicherem Tritt, in deinen Fügungen
in die Richtung, die du mir zeigst.
Die rechten Weggefährten lass mich finden,
die dich kennen und mich einführen
ins Lesen deiner Spuren und Hören deiner Stimme.
Und dann segne meinen Willen,
in Freiheit das Erkannte zu tun.
So nur wird mein Leben Gestalt annehmen,
das Gelebte umfangen und gut sein für mich,
für die Gefährten meines Lebens
und vor dir.
Amen

IV Sich stärken coram deo

Bist du bei mir

Ich bin bei euch alle Tage bis an das Ende der Welt.

Matthäus 28, 20

Wegweiser

Wir sehen nicht auf das Sichtbare, sondern auf das Unsichtbare. Denn was sichtbar ist, das ist zeitlich, was aber unsichtbar ist, das ist ewig.

2. Korinther 4, 18

Du glaubst an den lebendigen Gott, aber im Kopf, und der Weg zum Herzen ist blockiert?

Du denkst, er muss überall sein, so auch bei dir, aber du hast seine Gegenwart noch nie empfunden und suchst die Erfahrung, von der so viele reden? Oder du hast seine Gegenwart einmal erfahren, aber schon lange nicht mehr? Du hast Hunger nach dem Gefühl seiner Gegenwart? Und vielleicht zugleich Angst vor Selbstbetrug?

Der auferstandene Christus hat seine Gegenwart versprochen. Also ist er gegenwärtig. Das kann der Glaube festhalten, weil der Glaube das Vertrauen in sein Wort ist.

Die Gegenwart Christi ist aber etwas anderes als die Empfindung seiner Gegenwart.

Die Empfindung der Gegenwart Christi entsteht, wenn sie das Gefühl berührt, das ist möglich, aber ist nicht herbei führbar von menschlicher Seite. Unser Gefühl ist aber kein verlässlicher Resonanzboden. So vieles aus unserer inneren Geschichte kann mitschwingen und die Wahrnehmung verzerren.

Seit alters haben die Sucher nach der Wahrnehmbarkeit Gottes sich darin geübt, im Willen und Denken die Gegenwart Gottes anzuerkennen. Morgens, mitten am Tag, in der Nacht, mittendrin. Darum geht es: sich zu üben, durch das sichtbare Geschehen hindurchzuschauen auf die versprochene Gegenwart Gottes im Unsichtbaren. Am Anfang ist es dem Willen und Denken anstrengend, die Wirklichkeit der Gottesgegenwart zu erfassen: Gott ist bei mir. Aber es übt sich über Jahre.

Und wenn plötzlich der Lebensfluss stockt, ein Schrecken begegnet oder Entscheidung ansteht, weiß die Seele: Gott ist bei mir und sie ist im Auge des Sturms in Sicherheit. Mit oder ohne Gefühl. Das Wissen von der Gegenwart Gottes liegt tiefer als die Gefühle.

Dieses Einüben in die Gegenwart Gottes öffnet die Augen des Herzens, zumeist langsam.

Das Üben ist unser Teil: die unsichtbare Gegenwart Gottes anerkennen. Wozu? Damit deine Beziehung zu Gott, unserem Vater, ins Lot kommt und damit deine Beziehung zu dir selbst und zu deinen Mitmenschen. Das ist Gottes Wirken in der Geschichte der Seele mit ihm.

Gebet

Mein Gott und Vater,
Christus, mein Bruder und mein Erlöser,
Heiliger Geist, mein Beistand,
Dreieiniger Gott,

ich weiß dich überall, aber finde dich nicht in mir,
weil ich dich nicht fühle,
weil dein Wirken mir nicht eindeutig erscheint,
weil meine Gedanken und meine Gewohnheiten
und mein Charakter mich durch die Tage treiben.
Von deiner Liebe weiß ich und von deinem Schutz
und der Geborgenheit,
aber in mir und um mich herum
bist du nicht zu spüren.

Stärke mein Vertrauen,
auf deine Gegenwart zu bauen,
stärke meinen Willen,
nach deinem Willen zu tun.
Erwecke meine inneren Augen und Ohren,
und begegne du mir
in der Unsichtbarkeit und Unfühlbarkeit.
Lass mich erfahren
untrüglich, auf deine Weise,
dass ich dir gehöre,
und mein Leben aufgehoben ist in dir,
dieses mein sichtbares Leben
und das unsichtbare ewige Leben.
Amen

Nimm meinen Dank

Ich danke dir, dass ich wunderbar gemacht bin. Das erkennt meine Seele.

Psalm 139, 14

Wegweiser

Liebe dein Schicksal, es ist der Weg deiner Seele mit Gott.

Thomas von Aquin

Vielleicht bist du hier, um deinen Dank zum Himmel zu werfen für eine große Freude.
Er wird ankommen bei dem, dem der Dank gehört. Durch deinen Dank stellst du die Sache des Dankes unter seinen Segen.
Du bist im Hause Gottes, der dich gezogen hat. Und Du bist gefolgt. Du bist zu Hause in seinem Hause.
Vielleicht bist Du hier ohne feste Absicht. Aber es kann geschehen, dass Dank in dir aufsteigt, wenn alle Unruhe von Dir weicht in diesen Minuten: Dank für dich mit allen deinen inneren Schätzen, die du kennst und denen, die Du nur ahnst.
Vielleicht ist dir aber gar nicht nach Danken zumute, und doch haben sich diese Seiten vor dir aufgeschlagen. Dann bist du einem Geheimnis nahe, das der Apostel Paulus erfahren und weitergegeben hat. Grotesk klingt es: „Sagt Gott Dank allezeit für alles!“ Das Geheimnis öffnet sich erst, wenn du es tatsächlich ausübst: dieses Danken in Situationen und Zeiten, in denen dein Gefühl und Verstand nichts zum Danken finden, sondern zum Widerstreben und zum Murren. Mitten im Murren Gründe zum Danken zu erspähen und herauszudanken, das ist die Übung.
Zum Beispiel so: Ich bin fühle mich gelähmt, aber, Dank sei dir, bei dir ist die Lebenskraft oder so: Dank sei dir für den Funken Hoffnung, den unerwarteten Humor, die spontane Freundlichkeit, dir mir und jemandem gelingt.
Dank sei dir für den tieferen Blick, für alles, was ich unter Schwierigkeiten lerne....
So übt es sich, Dankesgründe zu finden.
Noch radikaler aber heißt die Dankes Übung: danken wo der Dankesgrund sich nicht zeigt, also Dank völlig gegen Gefühl und Verstand. Da öffnet sich das Geheimnis am deutlichsten, denn es stärkt sich durch das Danken der innere Mensch. Erfrischung, Kraft und grundlose Vergnügtheit ziehen ein und vertreiben Widerstand und Murren und stärken zu dem, was nötig ist zu tun oder auszuhalten. Wenn wir danken, fließt das Leben, weil wir tun, wofür wir geschaffen wurden, unseren Weg zu gehen mit Gott.

Gebet

Mein Gott und Vater,
in deiner Hand sind Schutz und Sicherheit
im Leben und im Sterben,
im Glück und im Unheil.
Dank sei dir, dass du wirkst zum Guten, zum Heilen,
Wege zu öffnen,
auch wenn ich dich nicht sehe oder fühle.

Dank sei dir, dass ich dir vertrauen kann in aller Unsicherheit,
dass du mich kennst
und mein Herz nicht aufgehört hat, dich zu suchen,
denn der Sog kommt von dir, immer wieder, immer weiter.
Glaubenskraft schenkst du über alles Verstehen.
Dank sei dir für die Zeit, die du mit zugedacht hast.

Dank sei dir für deine Treue zu dieser wundervollen Erde.
Dank sei dir für meine Sinne, die Schönheit und Fülle empfangen,
aber auch das Winzige, das Verletzte, weil du uns das Erbarmen
ins Herz gewebt hast, dir zum Abbild,
damit wir mir dir sorgen für das Leben
und darin unseren Sinn finden.

Dank sei dir mitten in schweren Tagen,
in denen ich nichts weiß von dir, gefangen im Erleiden.
Mein Dank für dein Versprechen steige auf zu dir,
dass du nicht ewig verborgen bleibst und mich befreist,
wenn ich ernstlich nach dir suche.
Dank sei dir, Vater deiner Geschöpfe, Vater unser.
Amen

Ich erzähle dir mein Leben

Ich erzähle dir meine Wege und du erhörst mich. Lehre mich deine Gebote.

Psalm 119, 26

Wegweiser

Mit Christus reden. Er ist jederzeit zu sprechen.

Theresa von Avila

So manche Menschen, von denen du es nicht ahnst, haben diese Erfahrung: Das Herz aufklappen, zu Christus reden, nicht im Selbstgespräch, sondern zum gegenwärtigen unsichtbaren Christus, der den Seinen versprochen hat, gegenwärtig zu sein. Alles hängt daran, das ernst zu nehmen. So einfach, wie ein Kind, bevor es das Misstrauen lernt. Und dann: ihm erzählen, was dran ist, fragen, was zu fragen ist, das Lebensgefühlstempo herunter dimmen und auf Antwort lauschen. Aber gewiss vertrauen, dass er sein Ohr neigt, dich zu hören. Und dann sich darin üben, seine Art der Sprache wahrzunehmen. Beobachten, was geschieht: Vielleicht sind es Fügungen, die zusammen wie ein Mosaik eine Antwort ergeben oder eine Wegweisung. Oder es ist eine Eingebung, sie erscheint wie ein Gedanke. Ob es von ihm ist, zeigt sich in dem, was folgt.
Es kann auch ein inneres Bild sein oder ein Besuch im Traum. Oder das Wort eines Menschen.

Wichtig ist, ernsthaft die Antwort, das Gespräch zu erwarten, und wenn es still ist, in dieser Stille ausruhen. Ungeduld zerstört das heilige Erwarten. Und das Erwarten ist geheiligt, weil es sich in Gottes Gegenwart begeben hat durch das Vertrauen.

Zur Wirklichkeit gehört, dass die Antwort Trug sein kann. Das eigene Unbewusste, aber auch eine andere geistige Wirklichkeit kann sich bemerkbar machen, dazwischen reden. Deshalb brauchen wir die Kraft der Unterscheidung.

Diese Kraft der Unterscheidung, ob es Christus selber ist, von dem in der Bibel die Rede ist, oder andere Kräfte, die sich als Medium anbieten, ist der heilige Geist. Sie kommt nicht allein aus unserem Verstand. Um diesen Geist der Unterscheidung kannst du bitten und ihn dann anwenden. Das übt sich. In der Bibel ist von dem Geist der Unterscheidung die Rede, und da ist auch der Prüfstein, mit welchem Geist wir es zu tun haben.

Gebet

Jesus Christus, du bist unser Bruder geworden,
du hast das Menschsein auf dich genommen wie wir,
die bei dir blieben hast du deine Freunde genannt.
Du kennst uns bis in die Tiefe:
unsere Schwachheit, unsere Untreue,
unsere Liebesfähigkeit und unsere Ängstlichkeit,
unsere Boshaftigkeit und Verführbarkeit.
Du, unser Erlöser, hast versprochen,
allezeit erreichbar zu sein, wenn wir uns vor dir öffnen
still oder mit unseren Worten und in unseren Gedanken.
So lass mich das Wir erfahren. Du und ich zusammen,
im Reden und Schweigen, allezeit
bis ich dir begegne in der Ewigkeit.

Erhelle mit deinem Geist den meinen,
damit ich vernehmen kann,
erkennen und deuten, wenn du zu mir redest.
Deinen Geist hast du uns versprochen,
Ich brauche ihn, wie das Instrument den Stimmer,
damit ich deine Stimme unterscheiden kann von den vielen.
Ich will Tag und Nacht mit dir verbringen,
dir anvertraut, wenn ich schlafe,
dir vertrauend im Gewirr oder der Einsamkeit des Tages.
Lehre mich, dich herauszuhören
aus Umständen und Stimmengewirr,
damit ich auf gutem Wege gehe, mit dir.
Amen

Reinige mein Herz, damit ich dich schaue

Es ist das Wort Gottes ganz nahe in deinem Herzen.

5. Mose 10, 14

Wegweiser

Eine Stelle in der Welt, ein einziges Teilchen wenigstens, können wir verändern, das eigene Herz.

Reinhold Schneider

Gehörst du zu den Menschen, die aus innerster Sehnsucht Gott kennen lernen wollen, ohne dass es zu diesem oder jenem hilft? Nicht aus Neugier, wie man dieses oder jenes erkennen will, sondern weil es dich zieht? Ein wirklicher Hunger nach Erkennen?

Der Treffpunkt ist dein Herz. Es gilt beides: Gott kann der Mensch nicht schauen,
er würde vergehen, dazu sind wir nicht angelegt in diesem Seinszustand.
Es gilt aber zugleich: Gott will erkannt werden: „Ich will ihnen ein Herz geben, dass sie mich erkennen sollen, dass ich der Herr bin."
Jesus beschreibt das Herz, das Gott sehen kann, als das reine Herz.

Dazu aber kannst du beitragen, denn nach dem Maß der Reinheit kann sich etwas von Gott spiegeln in deinem Herzen. Alle Unreinheit verzerrt oder trübt, was sich von Gott aus zeigen kann.

Gebet

Mein Gott und Vater
wundervoll hast du mein Herz gemacht
und die Ahnung von dir hinein gewebt,
die Ahnung von der Ewigkeit, die allem das Tödliche nimmt.
Im Herzen kann ich empfangen, was du wirken willst.
Es ist dein Ort, für deine Stille,
für dein Werk und den Frieden aus dir
mitten in allem Gewirr und allen Anfechtungen
der Gedanken und der Gefühle,
inmitten aller Umstände.

Hilf du mir, mein Herz zu reinigen, immer wieder,
prüfe die Gewohnheiten,
die das Handeln und Denken bestimmen.
Was nicht bestehen kann vor dir,
das führe mir vor Augen, so will ich es ablegen vor dir,
wie schmerzlich es auch sein mag.

Schädliche Filter des Denkens und des Fühlens
will ich ablegen vor dir:
den Filter des Neides und der Selbstgenügsamkeit,
der Kritiksucht und des Dünkels,
des Stolzes und der Enge, des Geizes und der Anklage,
der Lieblosigkeit und der Gleichgültigkeit,
auch den Filter der Verletztheit.
Mit deinem Geist der Wahrheit entlarve in mir
falsche Demut als Kleinglauben,
denn alle Filter verzerren dein Wort und deine Gegenwart,
die du doch versprochen hast.
Erforsche du mein Herz mit deinem Geist,
so will ich es reinigen, damit du Wohnung nehmen mögest
in deinem Eigentum.
Amen

Hilf mir, an dir zu bleiben

Nichts kann uns scheiden von der Liebe Gottes, die in Christus Jesus ist, unserem Herrn.

Römer 8, 39

Wegweiser

Bleibe fest bei dem, was du erkannt hast.

Jesus Sirach 5, 12

Wenn du diese Seite lesen willst, dann kennst du wohl die fühlbare Gefahr: Alles kann die life line stören, die uns mit Gott verbindet, das Gebet.
Wie Gottvergessenheit fühlt es sich an, wie Gottverlorenheit.
Zwischen das, was du gehofft und geglaubt hast, kann sich einnisten ins Denken und Fühlen, was dir erscheint wie Gottesferne:
der ungeheuerlich verderbte Zustand der Welt, Vergeblichkeit der Arbeit, Schwermut und Zweifel, Müdigkeit und Verlassenheit, Verwirrung durch die vielen Glücks-, Glaubens- und Heilungswege unserer Tage. Aber auch eigener Erfolg, persönliches Glück, Anerkennung und Rausch des Gelingens oder einfach die Zerstreutheit durch das Übermaß täglicher Pflichten. Alles kann das Gottvertrauen stören bis zur Gottvergessenheit.

Dazu aber gehört die Wahrheit, dass nichts uns scheiden kann von der Liebe Gottes, die in Jesus Christus ist. Wie gehört beides zusammen: Alles kann uns stören bis zur Gottvergessenheit und nichts kann uns trennen von der Liebe Gottes?

Es zählt nicht, was wir fühlen, sondern das Versprechen Gottes.
Wirklichkeit ist nicht die gefühlte, sondern die Wirklichkeit Gottes.
Deshalb kannst du in aller Nüchternheit dich wieder hinwenden und erinnern an das schon Geglaubte, jetzt und jederzeit. Zu dem Gott, der wartet, anklopft und Einlass sucht.

Gebet

Mein Gott, dem ich vertraue
Du hast mein Leben bewahrt bis heute,
du nimmst mir die Binde von den Augen und die Decke vom Herzen,
wenn ich mich jetzt deiner erinnere und der Zeiten der Vertrautheit.
Dank sei dir für deine Treue, deine Erwartung.
Nimm von mir, was meinen Geist benebelt und verstört hat,
nimm von mir das zersetzende Vergessen,
das meinen Geist beschlichen hat
und mich einsperrt allein in diese Welt vor Augen.
Erhelle meinen Geist durch dein Licht,
das Wahrheit ist und Wahrheit zeigt, die tiefer liegt,
die allem zugrunde liegt.

Lass mich den inneren Riegel finden, mich zu öffnen für dich,
der du immer da warst
und nimm den Raum ein, der dir gehört.
Erfrische mich
und lass neue Kapitel meines Lebens beginnen,
auf dem Weg mit dir
in der Kraft deines Geistes, der meinen Geist entschlacken möge
von aller Verfinsterung und allem Pomp und allem Glimmer,
von aller Halbwahrheit und Unwahrheit,
damit ich weitergehen kann, befreit und unbeschwert
von allem, was mich trennen will von dir
bis ich dir begegne in der Ewigkeit.
Amen

Nimm mir die Last ab

Ich habe ihre Schultern von der Last befreit.

Psalm 81, 7

Wegweiser

Geh gerade Wege und hoffe auf ihn.

Jesus Sirach 2, 6

Wie ein Filz kann das angesammelte Gespinst von Halbwahrheit, Unwahrheit oder ganze Lügengebäude auf dem Geist lasten.Vielleicht wirkt ein leiser Dauerschmerz im Gewissen, vielleicht aber ist das Gewissen stumpf und auch die Unwahrheiten tragenden Balken des inneren und äußeren Lebens morsch geworden. Vielleicht ist die Klarheit und Freude des Geistes gedimmt, die Stirn angespannt, die Ausstrahlung deines Wesens erloschen unter deiner angesammelten Lebenslast.

Um zu überleben, oder leichter zu leben hast du Wege gesucht, auf denen sich deine Seele verbiegen musste und du verformt wurdest und die Reinheit getrübt. Es sind viel begangene Wege, aber alle, die da gehen, tragen ihre Last und ihr Gefängnis mit sich.

Die Einladung Gottes ist die Einladung Christi: Bring deine Last zu mir, leg sie ab, und ich erquicke dich. Keine Vorhaltung oder Strafe, sondern Wissen um die Schwachheit des Menschen und das Angebot der Erneuerung. Wenn du aber erfrischt bist, gehe nicht denselben Weg weiter, sondern den Weg mit Gott, der dein Gewissen aufs Neue schärft und dir zeigt, was der Seele schadet. Übung braucht diese Unterscheidung, Erkennen und Tun.

Jederzeit kannst du neu beginnen. Heute, jetzt und hier. Es gibt die rechte Zeit. Man kann sie überschreiten, und es gibt verlorene Zeit.

So steh auf von der geistlichen Lähmung, leg ab, was dich beschwert, denn Gott will das volle Leben für dich und hat seinen Schutz und Segen zugesagt, für die, die mit ihm gehen: nicht verbogen zu einem Geschöpf hin oder zu seiner Arbeit, sondern aufrecht vor den Menschen und vor Gott. Denn nicht ein anderer Mensch noch deine Arbeit und Erfolg bestimmen, wer du bist. Sondern, zuerst bist du Gottes Sohn oder Tochter, und in dieser Würde bist du eingebunden in die Gemeinschaften deines Lebens und in deine Arbeit in der Welt.

Gebet

**Mein Gott und Vater,
Du suchst seit allen Zeiten, die sich verirrt haben
auf schlüpfrigen, bedrohten Wegen,
deren Wille gelähmt wurde,
deren Prägung den aufrechten Gang verformte,
die sich fürchten, im Dschungel der Wirklichkeit
zu verdursten. Du freust dich über einen jeden,
der sich umwendet zum Weg des Lebens mit dir.**

**Verführungen und Verblendungen
lassen mich im Kreise drehen,
die Richtung, Aufgabe und Verantwortung verlieren.
Illusion und Wirklichkeit verschwimmen mir.
Ich bin ängstlich und abhängig von denen,
die herrschen mit ihrem Wesen und
lasse mich verformen um der Gemeinschaft willen.
Nimm von mir das Gewebe der Halbwahrheiten
und auch die Irrlichter,
und den verborgenen, angestauten Gram,
diese Last der Seele, die das Singen verstummen lässt
und den Blick trübt für deine wunderbare Welt.
Schenk mir die Tränen,
meinen Geist zu waschen in der Geborgenheit vor dir.**

**Nimm du Raum in mir mit deinem heiligen Geist,
dass er mich leite, dass er in mein Herz
den hellen Schein gebe, mich klar zu sehen vor dir
und die Menschen auf meinem Wege.
Lass mich Freude finden an dir,
und mach mein Herz fest in dir,
damit ich gefestigt und aufrecht den Weg
mit den Menschen meines Lebens gehen kann.
Amen**

Mache mein Herz fest in dir, damit ich vergeben kann

Wenn wir unsere Sünden bekennen, dann ist Gott treu und gerecht,

dass er uns die Sünden vergibt und reinigt uns von aller Ungerechtigkeit.

1. Johannes 1, 9

Wegweiser

Vergebt, so wird euch vergeben!

Lukas 6, 37

Weltbekannt ist das Vater unser Gebet der Christenheit und darin die Bitte: Vergib uns unsere Schuld, wie wir vergeben unseren Schuldigern. Auch für den Verstand ist es einsichtig: Vergebung ist lebensnotwendig, damit Wunden heilen: die uns angetan wurden und die wir angetan haben. Nicht vergeben heißt Wunden pflegen, in Gram verdorren oder den Wunsch der Vergeltung nähren, gefangen sein in zersetzenden Gefühlen. Nicht vergeben ist wie eine gefährliche Krankheit. Wenn du jemandem oder dir selbst die Schuld behältst, dann geht das Licht aus für dich.

Vergeben ist der Fluss des Lebens. Er beginnt bei Gott. Er vergibt dir die natürliche Lieblosigkeit, und was daraus erwachsen ist, aber du muss diese Auslöschung annehmen im Vertrauen, ob du sie fühlst oder nicht. Du bist befreit. Und du sollst die befreien, die an dir schuldig wurden, indem du ihnen vergibst, und es sie wissen lässt, so wie Gott es dich wissen lässt.

Die Kraft zur Vergebung auch gegen dein Gefühl wird dir gegeben, wenn du erkennst,
wie du selbst befreit wirst von der Schuld der Lieblosigkeit, die unser aller Leben durchfärbt. Dein Herz wird fest, wenn du Gott vertraust, der dir vergibt und und dich stärkt zur Verwandlung deines Wesens, zu werden, wie es gut ist vor ihm, für dich selbst und die zu dir gehören.

Gebet

**Mein Gott und Vater,
deine Vergebung ist die Kraft der Reinigung,
Überwindung und Befreiung in mir selbst
und zwischen mir und den Anderen.
Du nimmst die Schuld von mir und von dem,
der an mir schuldig wurde. Immer wieder.
Ohne deine Vergebung wäre Leben
und Neuanfang nicht möglich.
Es ist das Grundgesetz des Lebens aus dir.**

**Ich bitte dich, mache mein Herz fest in dir,
in dieser Erkenntnis,
und erhalte mich bei deinem Wort der Vergebung
gegen alles Fühlen und die Stimmen des Gewissens,
wenn sie nicht zum Frieden kommen wollen.
Lass mich das Geschenk der Vergebung annehmen,
achten und weitergeben aus Freude,
dass nur so das Leben fließen kann.
Bewahre mich vor Herzenshärte
und vor Gedankengespinnsten,
die meine Schuld selber entschuldigen wollen
und anderen die Schuld behalten.
Auch das Maß der Schuld lass mich nicht messen wollen,
denn unermesslich ist deine Barmherzigkeit.
Schenke mir die Einsicht und die Freude,
dass ich aufstehen darf nach jedem Fall und lernen,
von deiner Menschenliebe,
sodass ich gerne vergebe, wie du mir vergibst.
Amen**

Schenke mir die Freude an deinem Willen, denn darauf liegt dein Segen

Mit einem willigen Geist rüste mich aus!

Psalm 51, 14

Wegweiser

Wir sollen nicht unseren Willen aufgeben, sodass wir schlaffe, kraft- und willenlose Kreaturen werden. Wir sollen einfach unseren törichten, irregeleiteten, unwissenden, unreifen Willen durch den höheren, weisen Willen Gottes ersetzen lassen.

Annah Whitall Smith

Vielleicht hat du Angst, deinen Willen aus der Hand zu geben.Vielleicht ist er längst in anderen Händen und du suchst ihn und damit dich selbst.
Vielleicht hast du noch nie selbst planen und danach handeln können, oder du hast gerade das zur Genüge getan, und du suchst jetzt Richtung und Boden, weil es dir scheint, dein Weg gehe ins Leere.
Eine Angst beherrscht die Frage nach dem Willen Gottes: Wo bleibe ich dabei?

Deinen Willen dem Willen Gottes anzugleichen ist etwas anderes als ihn dem Willen anderer Menschen oder Ideen anzupassen.

Gott der Schöpfer kennt sein Geschöpft mehr als es sich selbst kennt. Der Wille Gottes ist die unermessliche Kraft, die das Universum hervorgebracht hat und darin dein Leben.
Es geht darum, deinen kleinen freien Willen dem ungeheuren, liebevollen Gotteswillen einzufügen. Dabei entfaltet sich das Geheimnis, dass du nicht verloren gehst, sondern dich überhaupt erst findest. Es ist das Geheimnis, dass du deinem inneren Wesen gemäß auf sinnvollem Wege gehst, auf dem Wachstum und Reifen geschieht, so wie du gedacht bist. Die Frage nach dem Sinn deines Lebens verblasst, weil die Durchdringung deines Willens mit Gottes Willen deinen Beitrag zum Ganzen des Lebens entfaltet.

Es geht um den Mut, deinen Willen in Gottes Hand zu legen, mit aller Vernunft zu planen und zu handeln, aber das Deuten zu lernen, das Lesen der Fügungen und mehr und mehr zu vertrauen, dass er den guten Weg für dich sieht, auch wo du nicht sehen kannst.

Gebet

Herr des Universums, mein Gott und mein Vater,
dein Wille hat alles Leben hervorgebracht.
Zum Guten und zur Freude,
zum Licht und zum Frieden
zielt alles, was lebt und was noch leidet.
Zur Überwindung von Tod und Zerfall,
zur Überwindung von Unrecht und Zerstörung,
zur Überwindung von Einsamkeit und Gottesferne
treibt dein Wille. Klar ist die Richtung.
Freude in deiner Gegenwart ist die Richtung deines Willens.

Meinen Willen mache du selber gefügig,
dass ich ihn mit Zuversicht und Erwartung
mit deinem Willen eine.
Das Vertrauen in deinen Willen nähre du in mir,
dass ich werde, wie du mich gedacht hast.
Nimm mein Leben, wie es jetzt ist,
mit allen Brüchen und Plänen,
mit allen Hoffnungen und Abhängigkeiten,
mit allen meinen Kräften und Schwächen,
und durchwirke es mit deiner Kraft
zu einem gutem Leben vor dir.
Lehre mich, deine Zeichen als Wegweisungen,
deine Fügungen als deine Kraft zu erkennen.
Sei mir in deinem heiligen Geist
Gefährte und Schutz, bei Tag und in den Nächten.
Sei mir göttlicher Freund, wie du es warst und bist
denen, die deinen Willen suchen.
Schenke mir Freude an deinem Willen,
denn darauf liegt dein Segen.
Amen

Printed by Books on Demand GmbH, Norderstedt / Germany